JACOBO RIVERO
BULBANCHA

Música, calle y resistencias
desde New Orleans

 **siglo veintiuno**
editores

españa
siglo xxi editores
www.sigloxxieditores.com
travesía bellver, 2, 28039, madrid

argentina
siglo xxi editores
www.sigloxxieditores.com.ar
guatemala 4824, c1425bup, buenos aires

méxico
siglo xxi editores
www.sigloxxieditores.com.mx
cerro del agua 248, coyoacán, 04310, ciudad de méxico

© 2025, Siglo XXI de España Editores, S.A.
Travesía Bellver, 2 - 28039 Madrid
Tel (34) 676 22 28 70
editorial@sigloxxieditores.com
www.sigloxxieditores.com

Ilustración de cubierta: Julio César Pérez
(los créditos de las imágenes utilizadas en la ilustración
se detallan al final de este libro)
Diseño de interior: Hernández & Bravo
Diseño de cubierta: Sebastián Sánchez Yáñez
Edición y coordinación: Santiago Gerchunoff
Ilustraciones interior: Luis Pérez Ortiz (LPO)
Traducciones: Ethel Odriozola
Edición y corrección: Íñigo Lomana

1ª edición: 2021
1ª edición en esta presentación: septiembre de 2025

ISBN: 978-84-323-2155-9
Depósito legal: M-16038-2025

Impreso en España. *Printed in Spain.*

Para Liliana y Jana,
que el futuro sea con música

Sin una canción, cada día sería un siglo.
MAHALIA JACKSON

ÍNDICE

PRÓLOGO

Conocí a Jacobo y a Ethel en el año 2013, cuando vinieron a Nueva Orleans para el JazzFest. Como habitante de esta ciudad, estoy acostumbrada a recibir muchas visitas..., no paran de llegar las peticiones de un sofá, una cama o un jardín donde plantar una tienda. Todo el mundo quiere saber a qué bar ir, dónde escuchar música o dónde comer, pero suelen acabar en los bares más horteras, en los típicos lugares turísticos y comiendo en cadenas de comida basura. Los visitantes llegan para ver la ciudad, pero de alguna forma se las arreglan para no verla.

Con Jacobo y Ethel fue distinto. Querían conocer las verdaderas culturas de Nueva Orleans, ir a una *secondline*, ver bandas de música en antros oscuros y quedarse en la calle después para hablar con los músicos. Ya habían indagado sobre la historia de la ciudad y por qué es tan especial. Y siempre tenían curiosidad por saber más, más... y más.

No sé si existe una expresión en español equivalente a *old soul*: se refiere a una persona que nació demasiado tarde, cuya esencia pertenece a una época diferente. Nos unimos como tres *old souls*, escuchando a Louis Jordan en la *jukebox* del Vaughan's, bebiendo gintonics mientras imaginábamos revoluciones futuras. Me contaron historias de organización colectiva que, como estadounidense, nunca había escuchado. Vivir Nueva Orleans a través de sus ojos me hizo ver mi ciudad adoptiva bajo una luz totalmente nueva.

Asistí a la entrevista de Jacobo con Malik Rahim, y me

sorprendió la profundidad y el conocimiento que aportó a cada pregunta. Escucharlo mientras hablaba de baloncesto con Rollin' Joe me hizo también pensar en las *secondlines* de manera distinta. Cada conversación que tuvo Jacobo en Nueva Orleans, tanto si aparece en el libro como si no, me aportó una emoción y un nuevo matiz al amor que siento por mi ciudad.

Estoy muy emocionada con este libro. Jacobo ha conseguido algo que no creía posible: ha tomado mi ciudad adoptiva y la ha reformulado de una manera totalmente nueva. Ha presentado las historias superpuestas que recorren Nueva Orleans desde su propia energía: el multiculturalismo y la música como fuerza vital preservadora. Jacobo sitúa a los habitantes de Nueva Orleans como *guerreros* culturales que crean una fortaleza alrededor de la ciudad para protegerla del capitalismo avanzado que se desmorona fuera de nuestras murallas. Estoy segura de que, cuando este libro llegue a Nueva Orleans, se incorporará a nuestro patrimonio cultural.

Eso sí, hay algo que siempre me produce remordimiento. Él y Ethel iban a ir al JazzFest por primera vez, así que le presté a Ethel mis botas de agua (o *botas de gambas*, como se llaman en Luisiana). Pero, por alguna razón, olvidé decirle a Jacobo que debía llevar las suyas. El JazzFest es en primavera, y siempre llueve. SIEMPRE llueve, no falla. Y como es en un hipódromo, siempre hay barro. Cuando llegaron a casa esa tarde, a Jacobo le llegaba el barro hasta la cintura. Me sentí fatal por no haberle conseguido otro par de *botas de gambas*. Pero también me reí mucho de la imagen: ahí estaba, delante de mí, Jacobo Rivero, luchador empedernido, escritor brillante, desde entonces mi querido hermano..., cubierto de barro, empapado, agotado por un largo día caminando durante horas y luchando contra la multitud del festival. Pero también tenía una enorme sonrisa e irradiaba una energía eléctrica. Había pasado el día haciendo lo que más le gusta: escuchar música, sumergirse en la cultura, hablar con los habitantes de Nueva

Orleans sobre sus vidas e imaginar escenarios para el futuro. Jacobo, en su hábitat natural.

Me siento profundamente halagada de que se me incluya en esta obra de arte. Bravo, *my brother*. La próxima vez que vengas a la ciudad, tendré un par de *botas de gambas* esperándote.

Lily Keber
Royal Street
Nueva Orleans, Luisiana

INTRODUCCIÓN

Leopold Tyrmand fue durante toda su vida un verso libre, una persona que, por encima de todo, creía en la libertad y que se enfrentó con cualquier tipo de imposición autoritaria. Nació en Varsovia en una familia de comerciantes judíos y durante la Segunda Guerra Mundial atravesó media Europa con documentación falsa, fue prisionero de soviéticos y nazis y sobrevivió a un campo de concentración. Terminada la contienda, emigró a Estados Unidos. En una conferencia en la década de 1980 que llevaba por título «Sobre la libertad», señalaba: «El jazz era para nosotros un sistema de libertades sujeto a una disciplina libremente aceptada de vínculos integrales entre un individuo y un grupo. Como tal, pasó a ser la mejor metáfora de la libertad que cualquier cultura haya creado jamás». Tyrmand contó en aquel encuentro cómo en el año 1943, mientras trabajaba con identidad falsa en un local clandestino de jazz en Fráncfort y sonaba el disco *Really the Blues*, del clarinetista negro de Nueva Orleans Sidney Bechet, se acercó a un oficial de la Gestapo que estaba en la sala, de permiso pero con uniforme, y le preguntó: «¿En qué le hace pensar esta música?». A lo que el alemán respondió: «En personas libres»[1].

El jazz nació en Nueva Orleans, producto de la convergencia de diversas influencias musicales que se encontraron en una ciudad que a principios del siglo xx era la más multirracial del mundo. Su origen es popular y su constitución como género musical solo puede entenderse, precisamente, si se tiene en cuenta esa voluntad de liberación individual y colectiva que señalaba Tyrmand y que se oponía a los gustos de las élites de entonces. El musicólogo Ted Gioia define así el proceso de creación: «El lenguaje del jazz se desarrolla en contextos en que conviven culturas distintas, porque está orientado hacia fuera y ávido de nuevas fuentes de inspiración».[2] La particularidad de Nueva Orleans es que desde su origen, por circunstancias de la historia, esa sinergia de encuentro de culturas fructificó como una identidad propia, única en su momento. Un lugar de encuentro cuyos antecedentes son previos a su fundación como ciudad, dentro de la colonia francesa de Luisiana, en un terreno donde los nativos americanos habían instalado una zona para el comercio entre diferentes comunidades por la conexión de puntos estratégicos a través del río Misisipi.

Ese territorio era conocido como Bulbancha, que en dialecto choctaw significaba «lugar de muchas lenguas». Curiosamente, ese punto de convergencia de grupos lingüísticos, como espacio de agregación e intercambio comercial de pueblos distintos con muchas lenguas, ha acompañado a la ciudad desde su origen y a lo largo de su historia. Ese poder fundacional de construcción social a partir de culturas diversas es especialmente relevante hoy, en un contexto donde se agita con devoción el espantajo de las identidades excluyentes, aquellas en las que se trata de poner en valor un supremacismo que avala un discurso y unas formas de violencia estructural constantes. No solo en Estados Unidos, también en muchos otros países del mundo.

Este libro trata de alguna forma de combatir esas derivas destacando la fuerza de la cultura no solo como espacio de creación y proyección de dinámicas rebeldes y como lugar de resistencia contra la uniformidad, sino también como potencia a la hora de construir comunidades de cuidados, a partir principalmente de la música. Ted Giogia lo expresa así: «Las canciones enriquecen la vida cotidiana de las pequeñas comunidades, las familias y los individuos». Y a continuación añade—: La música puede derrumbar jerarquías y las normas establecidas, subvertir las convenciones gastadas o antiguas y reivindicar otras nuevas y atrevidas».[3]

En ese sentido de derrumbar «normas establecidas» que apunta Gioia se movió la música popular de Nueva Orleans desde su origen. No solo fue el lugar de nacimiento del jazz, sino que buena parte de la historia de la música no se entiende sin la particularidad y la importancia que tuvo como lugar de desarrollo de diferentes géneros que hoy son universales. El abanico de sonidos, alguno de ellos casi fundacionales, es elocuente. Desde el *rock and roll* hasta el góspel, pasando por el *rythm and blues*, el *blues*, el *funk*, el *country*, la música latina o los propios sonidos de Luisiana, *zydeco*, *cajún* o *bounce*, todos ellos tienen un pie en Nueva Orleans. Cada uno con mayor o menor intensidad. Y esa energía propia no se entiende, a su vez, sin la confluencia de culturas provenientes del Caribe, de Europa y, especialmente, de África, porque el sonido de Nueva Orleans no se puede explicar sin hablar de la diáspora africana, epicentro sobre el que se edificarían todos los ritmos desarrollados posteriormente.

La población africana que llegó hasta Nueva Orleans procedía de regiones diferentes. El viaje de los esclavos fue un trayecto genocida en el que los supervivientes eran diseminados, con la idea de deshumanizar, generar miedo y soledad, separando a familias y comunidades locales de origen. Sus referencias espirituales, lenguajes y tradiciones eran diversos. Las músicas también. A partir del encuentro se generaron dinámicas colectivas completamente nuevas. Los esclavos de origen africano crearon una música inédita, que no existía antes, con instrumentos de su propia tradición —tambores, arcos musicales, flautas, xilófonos— a los que incorporaron instrumentos europeos de música clásica que en muchos casos llegaron a través de la religión que les imponían los esclavistas, que en el caso de Luisiana era fundamentalmente católica por la presencia francesa y española. De esa combinación de elementos, a partir del siglo XVII, empieza a construirse un género propio que surge de los espirituales afroamericanos y se mezcla con instrumentos y formas europeas. «Los estilos interpretativos que se impusieron entonces dieron a estos cantos, y a los que se compusieron a partir de ese momento, un carácter compatible con las formas criollas profanas en las que aún persistían elementos panafricanos.»[4]

Fundada en 1718 por colonos franceses, Nueva Orleans era un punto estratégico para el comercio en el río Misisipi. Cedida a los españoles en 1762 mediante el Tratado de París, que puso fin a la guerra de los Siete Años, los franceses la recuperan de nuevo en 1803 tras el Tratado de San Ildefonso. Esa nueva etapa francesa duró solo tres años, después de los cuales Luisiana se incorporó definitivamente a Estados Unidos. En el periodo español la ciudad sufrió dos grandes incendios y también vivió varias pandemias. El siglo XVIII marcó poderosamente la identidad de la ciudad y de Luisiana en lo que tiene que ver con la música, pero también en lo referente a la religión, la gastronomía o las costumbres sociales. A Nueva Orleans llegaron esclavas y esclavos directamente de África, pero muchos provenían de Cuba y Haití, donde habían recalado con anterioridad. Entre esos tres puntos geográficos del «Nuevo Mundo» hubo un movimiento constante de gentes, sonidos e influencias culturales.

Contar la historia de la ciudad o del jazz no es el propósito de este libro, hay muchos textos de referencia que ya lo hacen. Lo que intento con *Bulbancha. Música, calle y resistencias desde New Orleans* es poner en valor el poder de la música como herramienta de transformación, como motor de cambio y como espacio desde donde construir narrativas de liberación, que se constituye a partir de orígenes múltiples. En una dinámica que se construye desde lo común, en conspiración con el territorio, en condiciones de igualdad dentro de la comunidad. Precisamente, son términos como los de mestizaje o multiculturalidad los que generan sarpullidos a los guardianes de las esencias reaccionarias. Nueva Orleans no solo fue un crisol y un generador de culturas, sino que además exportó a través del río Misisipi, el Nilo de América, toda esa energía al resto de Estados Unidos y luego a casi todos los rincones del planeta. Directa o indirectamente, la ciudad rompió todo tipo de fronteras y circunstancias para construir un relato de músicas que invitan a la libertad.

A partir de esa perspectiva de *generador*, solo se puede entender el jazz desde la composición especial que tuvo Nueva Orleans a lo largo de su historia, más concretamente, a finales del siglo xix, cuando fue una próspera y cosmopolita ciudad del sur de Estados Unidos. Pero esa situación boyante duró poco y pronto fue una ciudad difícil, con una de las esperanzas de vida más bajas de todo el país, climatológicamente inestable y afectada por diversas enfermedades que se trasmitían con facilidad. A pesar de esas circunstancias, la música de Nueva Orleans tiene una conexión con la vida, el disfrute y la autodefensa colectiva. El nacimiento del jazz como tal, con testimonios recogidos de conciertos y actuaciones, coincidió con el paso del siglo xix al siglo xx.

Se suele situar el epicentro del nacimiento del jazz en Storyville, zona de prostitución, tabernas de marineros y ambiente sórdido, aunque hay dudas de que realmente fuese así, más bien parece que ese estigma funciona como leyenda urbana.[5] Sea como fuere, las referencias bibliográficas de las personas a las que se atribuye la *paternidad* del jazz no dejan de ser curiosas. Buddy Bolden, nacido en 1877, tocaba la corneta, era alcohólico, sufría esquizofrenia y tuvo numerosos problemas con la policía y las autoridades locales; murió en 1931 y no hay grabaciones de su música. Jelly Roll Morton, nacido en 1885, tocaba el piano en los burdeles de la ciudad, interpretaba y recogía la música que se hacía en la calle, desde el *blues* hasta la de las bandas de los desfiles.[6] Morton fue músico itinerante, recorrió Estados Unidos propagando la «música sucia» de su ciudad y Alan Lomax grabó muchas de sus interpretaciones para la Biblioteca del Congreso. Con fama de pendenciero, murió en 1941, diez años después que Boden; en sus dos últimos años de vida tuvo una banda, New Orleans Jazzmen, en la que tocaban músicos como el clarinetista Sidney Bechet, el contrabajista Wellman Braud o el batería Zutty Singleton, todos ellos nacidos en Luisiana.

Pocas ciudades en el mundo pueden presumir de tener una lista de artistas locales similar a la de Nueva Orleans, que —como si de un faro artístico se tratase— ha servido de referente, además, a cientos de temas de todo el mundo. Pero el músico que dio a Nueva Orleans y al jazz un reconocimiento más allá de cualquier frontera fue Louis Armstrong, trompetista y cantante que encarnó la identidad de la ciudad y la particular forma de gestionar las circunstancias de la vida. Nacido en 1901, su padre lo abandonó cuando era pequeño y muy pronto se convirtió en un chaval conflictivo. Lo detuvieron en varias ocasiones y, hasta que se decantó por la música —primero tocando la corneta y luego la trompeta—, fue un habitual de los reformatorios. En Storyville conoció a Joe King Oliver, músico que le dio la alternativa en las bandas de música locales, desde las que se proyectaría para dar el salto a ciudades como Chicago o Nueva York y más tarde al resto del mundo. El trompetista Wynton Marsalis dijo de él: «El sonido de Louis Armstrong tiene un poder curativo. Entraña sabiduría y perdón».[7]

La vida de Armstrong, a pesar de sus sonrisas ante las cámaras, fue una lucha de superación. Su música tenía un trasfondo que iba más allá de la simple escucha como alegoría de aires felices. Mezz Mezzrow, clarinetista blanco, judío, traficante de marihuana, de la zona este del país y uno de los más particulares intérpretes de las derivas pendencieras del jazz de aquella época, cuenta sus sensaciones durante un concierto en Nochevieja en Baltimore, en la década de 1940, cuando Armstrong arrastraba una enorme fatiga tras varias noches seguidas de gira y sus labios estaban deteriorados de tanto tocar: «De su trompeta se derramaron torrencialmente todas las miserias del mundo, inundaron el teatro y nos cubrieron a todos. […] La conmoción y el escalofrío atravesaron el teatro. La sala entera se estremeció y, acto seguido, estalló en aplausos. Louis se quedó allí, con su trompeta, jadeante, lamiéndose la sangre que le brotaba del labio mutilado, y se las arregló para sonreír, inclinarse y volver a sonreír». Más tarde, en el camerino, Armstrong le dijo a Mezzrow en medio de una carcajada: «Ha sido duro, Mezzi, pero así es todo en la vida».[8]

La presencia de Louis Armstrong en la ciudad actual es considerable. Da nombre al aeropuerto y al parque más importante, dentro del cual se encuentra Congo Square, el lugar donde los esclavos se juntaban para tocar música libremente los domingos por la tarde. La fuente de la que brotaron todas las energías musicales que la ciudad creó con posterioridad. Congo Square y el parque Louis Armstrong están junto a Tremé, el primer barrio afroamericano de Estados Unidos. Tremé se popularizó a partir de la serie del mismo nombre que, desde 2010 y durante cuatro temporadas, dirigió para HBO el aclamado David Simon, y que cuenta a través de varios personajes locales la evolución de la ciudad tras el paso del huracán Katrina en agosto de 2005. En *Treme* hay buena música, bares, resacas, humedades, gentrificación, turismo depredador, gastronomía de calidad, políticos corruptos, abusos policiales, luchas por los derechos civiles, *secondlines*, Mardi Gras, *jazz funerals*, *indians*, conciertos en la calle o programas de la radio local WWOZ. En una entrevista para la publicación *The Progressive*, David Simon explicaba que el sentido de su trabajo era combatir a los «demagogos que quieren echar abajo la idea del multiculturalismo».[9]

El Katrina forma parte de la historia de la ciudad como una cicatriz que no termina de cerrarse, escuece de vez en cuando y se mira con frecuencia para rememorar el dolor. El abandono y el desprecio con que la mayoría de los políticos y medios de comunicación trataron a Nueva Orleans no se borraron con la bajada del nivel del agua. Al contrario: fue precisamente entonces —al retirarse las aguas y emerger los cadáveres— cuando pudo verse la consideración que los gobernantes del país mostraban hacia una comunidad orgullosa de su historia. Mientras que la versión oficial solo hablaba de «desastre natural», la población superviviente lanzó un grito de rabia y denuncia por el abandono y la agresividad con que la habían tratado. Lo que ocurrió lo explica muy bien el personaje de Creig Bernette, interpretado de manera sensacional por el actor John Goodman, en una entrevista que le hace una televisión británica junto a los diques en el primer capítulo de la primera temporada de *Treme*: «Lo que golpeó la costa del golfo de Misisipi fue un desastre natural, un huracán, simple y llanamente. Las inundaciones de Nueva Orleans fueron una catástrofe provocada por el hombre. Una cagada federal de proporciones épicas que llevaba una década gestándose. El sistema de prevención de inundaciones creado por el Cuerpo de Ingenieros del Ejército, es decir, el Gobierno federal, falló. Y hace cuarenta años, desde el huracán Betsy, que estamos diciendo que volvería a fallar si no se hacía algo. Y ¿sabe qué? No se hizo. Hay que encontrar a los responsables y juzgarlos».[10]

Al contrario de lo que reclamaba Bernette, lo que se juzgó entre muchos enviados especiales y tertulianos fue la particularidad de la vida en Nueva Orleans como parte del problema. Incluso algún político llegó a plantear la posibilidad de hacer desaparecer la ciudad para siempre. La serie es una ventana útil y fidedigna para conocer la actividad social y cultural de Nueva Orleans. La trama comienza en la primera temporada con la primera *secondline*, en la que actúa la Rebirth Brass Band, que se organizó en la ciudad tres meses después del desastre causado por el Katrina. Una vez arrasada, la ciudad fue despertando poco a poco, limpiándose de lodo, y comenzaron a organizarse las primeras *secondlines*, con un potente valor reivindicativo y de fortalecimiento afectivo.

Pero las autoridades obligaron a pagar una tasa económica de consideración para autorizar las manifestaciones y los desfiles, algo que no ocurría antes del huracán y que la mayoría de los clubes sociales de la ciudad no aceptaron. El conflicto llevó a la represión de las organizaciones y a la suspensión de los desfiles en muchas comunidades afroamericanas. Las *secondlines* son manifestaciones públicas que se organizan a través de clubes en diferentes barrios y zonas de la ciudad durante todo el año. En ellas, la multitud sigue a una *brass band* que va tocando por la calle y, gracias a ese ambiente celebratorio, la comunidad toma el espacio público con el fin de favorecer el esparcimiento y el disfrute colectivos. Su tradición es única de Nueva Orleans y da sentido a la forma en la que se entienden música y reivindicación comunitaria en la ciudad.

Más de quince años después, el Katrina sigue presente y vuelve con regularidad a salir a flote en numerosos debates. También con la pandemia de la COVID-19, que afectó con enorme virulencia a esta ciudad del sur de Estados Unidos. El Katrina causó, según fuentes oficiales, 1.833 muertes y 107.379 casas resultaron inundadas, se ordenó la evacuación de la ciudad y el 80 por ciento de su población huyó dejando atrás sus pertenencias.[11] Pero esas cifras están todavía hoy en discusión, porque mucha gente cree que habría de añadirse una considerable cantidad de muertes producidas por la nefasta gestión gubernamental posterior, con casos de estrés que derivaron en suicidios y enfermedades cancerígenas producto de la mala calidad de las viviendas provisionales que construyeron. El entonces presidente de Estados Unidos, el republicano George W. Bush, hizo una recomendación simple pocas horas antes de que la tormenta golpeara: «Recen y váyanse». Por ese orden. El desastre fue total, también la imagen que proyectó el país de abandono a las personas sin recursos, con una enorme violencia en la inexplicable represión hacia las que quedaron porque no podían irse, una ocupación militar que se planteó como una invasión y no como un rescate. Uno de los casos más representativos fue el ocurrido con la matanza del puente Dazinger, donde la policía de la ciudad disparó contra un grupo de personas que quería dejar atrás los barrios más afectados.[12] La policía impidió a tiros el paso a centenares de personas que habían sido criminalizadas como «saqueadores» en una ciudad desabastecida de agua y alimentos. En el puente Dazinger murieron Ronald Madison, de cuarenta años, a causa de un disparo en la espalda, y James Brissette Jr., de diecisiete. Sus muertes no fueron las únicas: durante esos días numerosas personas fallecieron por disparos de la policía o el ejército. El proceso judicial para determinar la culpabilidad de los agentes duró años, se limitó finalmente a solo dos policías y la investigación de las responsabilidades por lo ocurrido no quedó clara. El runrún mediático y judicial atendió a la explicación de que esos días los agentes habían actuado con «altos niveles de estrés», lo que de alguna forma habría justificado la reacción.

Si con el Katrina el mensaje fue el de abandonar la ciudad, con la llegada del coronavirus la consigna fue justamente la contraria, encerrarse en casa. El Katrina fue un ejemplo de abandono institucional, del que muchas personas de la ciudad sacaron la conclusión —o simplemente se acordaron— de que en tiempos de emergencia o tragedias no se puede esperar gran cosa del Gobierno. Nueva Orleans fue durante años la ciudad del pecado, la *apestada* del sur de Estados Unidos, una imagen que se había construido fundamentalmente a través de los medios de comunicación. El periódico local alternativo *Antigravity* señalaba en su editorial de abril 2020 lo siguiente: «Mucha gente en Nueva Orleans está sintiendo los ecos del Katrina, como si una vieja y respetada némesis hubiera regresado de repente. Y, aunque los dos acontecimientos tienen diferencias, son bastante parecidos en formas fundamentales: ambos son fuerzas de la naturaleza humildes, una muy grande, otra muy pequeña, convertidas en desastres por negligencia institucional, y ambas nos cambiarán para siempre. Habrá un tiempo antes de la COVID-19 y un tiempo después».[13]

Tras el Katrina, se construyó un movimiento de solidaridad importante alrededor de la reconstrucción de las casas y de las zonas más devastadas. El compromiso ciudadano llevó a muchas personas del resto de país a acudir en ayuda de los damnificados, especialmente de aquellos con menos recursos. En septiembre de 2005, en el distrito Lower Ninth Ward, se creó un centro donde se organizó el trabajo voluntario. Fue el inicio de la asociación Common Ground Relief, que centró sus esfuerzos en proporcionar vivienda, salud, ropa, servicios jurídicos gratuitos y otras necesidades básicas al vecindario de Nueva Orleans. Brandon Darby era un activista de Austin que se unió al proyecto de Common Ground y que rápidamente adquirió notoriedad dentro del grupo por su carisma. Habitual de las televisiones y radios para hablar como portavoz de los movimientos sociales del periodo post-Katrina, Darby resultó ser un agente del FBI infiltrado dentro de la organización, en una lógica similar a la que siguió la agencia federal en la década de 1960 y 1970 para destruir desde dentro el partido de las Panteras Negras.[14] Un ejemplo más de la *consideración* de las autoridades hacia el activismo ciudadano.

Los sonidos de resistencia que se narran en *Bulbancha* también son las voces de las personas implicadas en las luchas que se desarrollan en la ciudad. Su relato es inseparable de la música porque una sensibilidad está unida directamente a la otra. Los capítulos del libro están trenzados a partir de entrevistas que comenzaron a realizarse en noviembre de 2016, en los días de la victoria electoral de Donald Trump, pero la idea se fraguó antes, en 2012, cuando visité por primera vez la ciudad para realizar un trabajo sobre la comunidad latina y cómo se vivía siete años después del Katrina. Tras aquel primer viaje hubo otras visitas, también amistades que han aportado sentido al libro. Además, entre marzo de 2020 y febrero de 2021, hubo una serie de encuentros virtuales con algunas de las personas que han dado forma al relato: conversaciones en las que se cruzó la pandemia, la lucha del movimiento Black Lives Matter y la caída del Gobierno del presidente Trump, símbolo del supremacismo blanco, que en las elecciones de 2020 cosechó un 87 por ciento de rechazo en Nueva Orleans, pero triunfó sobradamente en Luisiana.

En una *secondline* celebrada en 2016 en el barrio de Central City una participante señaló: «Esto no es solo diversión, es historia, es combate y conexión con la tradición —y, después de apuntar al cielo como muestra de respeto, añadió—: *It's soul and protest*».* En el número de abril de 2020 del periódico *Antigravity*, Robin McDowell, profesora de Estudios sobre África y Afromericanos de la Universidad de Harvard, recordaba la lista de pandemias de la ciudad en un artículo titulado «Sick Days»: «El nuevo coronavirus no es la primera epidemia que asola Nueva Orleans. De 1796 a 1873, los residentes de la ciudad estuvieron sujetos a una cuarentena ordenada por las autoridades locales durante un total de veintitrés años debido a los constantes y a menudo superpuestos estragos de la fiebre amarilla, la peste bubónica, el cólera, la viruela y la malaria». El texto incluía una recomendación del doctor Bennett Dowler en 1853 para combatir los males de aquel tiempo: «El río Misisipi no puede cambiar para evitar las inundaciones, ni elevarlo en beneficio de los barcos de vapor varados. ¿Qué se debe hacer? ¡Acción! ¡Acción, solamente! Desinfectar el aire, la tierra, los cielos, los barcos, las mercancías y la humanidad. ¡Adelante con la lustración!».[15] Un diagnóstico útil todavía hoy, en el mundo de injusticias pandémicas que habitamos.

Nueva Orleans y su diversidad son un referente universal cuando se habla de arte y cultura sin abalorios ficticios. La ciudad se ha nutrido de personas llegadas de muchos lugares distintos, desde su fundación hasta la actualidad. Hay un lema

---

*Es alma y protesta.

que dice «Nueva Orleans, cada día, en cada momento»; más allá del reclamo turístico, esa frase tuvo un origen popular: era un alegato en favor del disfrute colectivo del día a día, a pesar de las adversidades, que se pone de manifiesto en las *secondlines* y también en la ambivalencia de sensaciones de los *jazz funerals*, donde paradójicamente prevalece la vida frente a la desgracia de la muerte. Escribir sobre una ciudad tiene el riesgo de dejar en el tintero y fuera de plano un montón de aristas, personajes, rincones y circunstancias, también muchas contradicciones. Pero el presente libro no trata de nombrar a todas y cada una de las personas y situaciones que han hecho de este lugar en el mundo un referente singular a lo largo de la historia. Su intención es, más bien, dar testimonio, a partir de una serie de protagonistas, de unos relatos que pueden ser útiles para reflexiones en otros lugares geográficos, en algunos de los cuales, por cierto, hay sinergias similares, ya sea a través de la acción política o de la práctica del jazz, el punk, la electrónica, el flamenco... o cualquier género musical que se nos ocurra. Intentar poner unos paisajes en conexión con otros: eso es lo que intenta este libro, que quiere ser un texto apologético de la cultura de una ciudad y de su diversidad desde las raíces para que sirvan de inspiración a otras luchas y a otros sonidos.

De eso trata *Bulbancha*, de romper muros y estereotipos a través de la escucha de otras lenguas, así como de conocer procesos de lucha desde un territorio que acumula numerosas particularidades, la principal de las cuales es la capacidad de construir un relato cultural propio desde la mezcla de muchos mirando siempre con respeto los ideales de la tradición, entre los que están la libertad para improvisar individual y colectivamente. Un asunto que es importante en estos tiempos, donde no se sabe si vuelven los aires tóxicos del fascismo —en caso de que alguna vez se hayan disipado— o si estamos asistiendo a sus últimos y enrabietados coletazos. Leopold Tyrmand se asombró al comprobar que el jazz seducía como evocación de la libertad a un siniestro miembro de la Gestapo en un garito clandestino de Fráncfort. El sonido de la música de Nueva Orleans cortocircuitó a los nazis hasta el punto de perseguirlo. El sonido del mestizaje —como parte de aquello que clasificaron como «arte degenerado»— les resultaba primitivo, quizá porque invitaba a romper las cadenas y estimulaba la rebeldía. Frente a esa lógica de aniquilación, este libro propone acercarse a una serie de imágenes y personas que proyectan escenarios de liberación individual y colectiva a través de la cultura y del compromiso en la construcción de un nuevo tiempo de vida. Desde una de las cunas fundamentales de la historia de la música, desde Nueva Orleans.

CAPÍTULO 1
Luna llena de Santiago de Cuba

En el libro *La música en Cuba*, Alejo Carpentier —escritor cubano de referencia— señalaba sobre el pianista Louis Moreau Gottschalk: «El mayor mérito que queda a Gottschalk está en haber sido el primer músico de formación europea que haya advertido, de manera general, la riqueza de los ritmos cubanos, puertorriqueños y afroamericanos».[16] Moreau Gottschalk nació en Nueva Orleans en 1829, hijo de un comerciante de Londres de origen judío askenazi y madre francesa criolla originaria de Haití. Fue considerado un virtuoso del piano casi desde su niñez. Desde muy joven conquistó escenarios y viajó por Estados Unidos, Cuba, Puerto Rico, Panamá, Venezuela, Brasil y Europa como una celebridad. Los periódicos reseñaban sus actuaciones y en los puertos le esperaban comités de bienvenida. Después de un concierto en París, Chopin dijo: «Dame tu mano, hijo mío; predigo que te convertirás en el rey de los pianistas».[17] A partir de la década de 1860, Gottschalk fue un personaje famoso en el «Nuevo Mundo» porque también en cada parada dedicaba su tiempo a investigar las músicas y danzas del lugar. En 1865, un periódico de San Francisco se refería a él por haber «viajado noventa y cinco mil millas en tren y dado mil conciertos».

De esos viajes, Louis Moreau Gottschalk añadió a su repertorio múltiples referencias y sonidos. Lo explica la musicóloga cubana Rosa Marquetti: «La influencia que recibe Gottschalk abarca manifestaciones culturales presentes en ese momento en Cuba y Haití, que tienen en sí mismas visibles diferencias, aunque un origen común en África».[18] Hay un concepto que describe la relación que se generó alrededor de la música en ese tiempo, particularmente en Cuba y Nueva Orleans, pero no solo: es la llamada *transculturación*, por la que formas culturales de un pueblo sustituyen o se incorporan a otros. Marquetti recuerda cuál es el origen del concepto: «Quien primero utiliza el término *transculturación* —de hecho, lo crea— es Fernando Ortiz, y lo basa esencialmente en el impacto de la esclavitud sobre todas las culturas de los países receptores de grandes cargamentos de esclavos».

Ortiz nació en Cuba. Diplomático y antropólogo cultural, su vida trascurrió fundamentalmente entre su país de nacimiento y España, donde residió largas temporadas y se relacionó con algunos de los referentes intelectuales de la época en lengua castellana, como Rita Montaner, María Zambrano, Juan Ramón Jiménez, Federico García Lorca o los cubanos Nicolás Guillén y Alejo Carpentier. Fernando Ortiz impartió conferencias durante la década de 1930 en la Universidad de La Habana en el marco del estudio de la identidad cubana y, en su condición de presidente de la Sociedad Hispanocubana de Cultura, fue anfitrión de Federico García Lorca durante el viaje que este realizó a Cuba en 1930, después de pasar una larga temporada en Nueva York. Entre ambos surgió una amistad que abonó el interés mutuo por la influencia de la cultura africana,[19] hasta el punto de que Lorca dedicó a Fernando Ortiz el único poema de *Poeta en Nueva York* que dedicó a la isla: el «Son de negros en Cuba», ambientado en la ciudad oriental de Santiago.

Santiago de Cuba fue el destino de muchos colonos franceses que salieron huyendo cuando estalló la Revolución haitiana, un levantamiento contra la tiranía, la explotación colonial y el racismo en el que alrededor de cien mil esclavos tomaron las armas durante la primera guerra de independencia que tuvo lugar en América. Entre 1791 y 1892, el puerto de Santiago recibió diferentes oleadas de huidos de Haití, la antigua Saint-Dominique francesa. La llegada de franceses y criollos provocaría la transformación de la estructura económica y social de Santiago de Cuba, con un auge del cultivo de café. Los cafetales se convirtieron en lugares de reunión, en los que además de la actividad agrícola había bibliotecas, billares, capillas religiosas y salones de baile donde tocaban orquestas. Entre 1809 y 1815 muchos de esos colonos franco-haitianos — se calcula que aproximadamente treinta mil— marcharon de Cuba a Nueva Orleans. Esa ola migratoria influiría de manera determinante en la música y la cultura locales. Muchos de ellos se incorporaron al Vieux Carré, nombre con el que se conocía entonces al French Quarter. Louis Moreau Gottschalk heredó de su familia el mestizaje de esas trayectorias. Su abuela le contaba historias de su vida en Haití y su madre le hizo recuperar el interés por la cultura haitiana. Además, su casa estaba cerca de Congo Square, donde de niño había acudido a escuchar la música que los domingos por la tarde tocaban los esclavos.

La movilidad de grupos importantes de población entre los tres puntos geográficos clave de Haití, Cuba y Nueva Orleans continuó a lo largo de la historia. Y dejó un rastro todavía identificable. En el barrio de Tívoli de Santiago de Cuba — la zona donde se asentó buena parte de la emigración haitiana negra, llegada en distintas etapas, y donde están muy presentes tradiciones como el vudú y el sincretismo religioso—, en lo más alto de una colina desde la que se divisa parte de la ciudad, está situada la Casa de las Tradiciones. Para acceder hay que ascender por una pequeña y estrechísima escalera de madera longitudinal a la fachada. En la parte trasera del local hay un patio donde tomar aire cuando el ambiente se caldea dentro, algo que ocurre con frecuencia. El espacio tiene aroma propio y paredes cargadas de recuerdos añejos. Dos grupos utilizan también el local como lugar de reunión habitual, la Peña del Tabaco y la Peña de la Poesía. Es un lugar de música en directo con una atmósfera muy especial, donde es fácil percibir raíces africanas y el arraigo haitiano, pero, con todo, es menos conocido que la Casa de la Trova Pepe Sánchez, en la calle Heredia, en el corazón de la ciudad. El fundador de este local fue Virgilio Palais, torcedor de tabaco que vendía bebidas y cantaba a capela en la parte baja de su vivienda en la década de 1950. Pronto se convirtió en espacio de referencia para trovadores y epicentro hasta el día de hoy de ese sonido que tuvo en Compay Segundo una de sus más importantes referencias internacionales. La música en Santiago de Cuba está en el oxígeno que respira la ciudad, y el carnaval —como ocurre en Río de Janeiro, Cádiz o Nueva Orleans— es la fecha sobre la que gravita el calendario de la ciudad. La tradición carnavalera tiene su propia expresión en las comparsas y congas santiagueras, con una tradición y una fuerza social impresionantes.

Tras la muerte de su padre en 1854, Louis Moreau Gottschalk viajó a Cuba en el marco de una gira que realizó por distintos países del continente. En la isla actuó en La Habana, Matanzas, Cienfuegos y Santiago de Cuba, y trabó amistad con el también pianista y referente de la música cubana Manuel Saumell. Los viajes a la isla se repetirían. En 1857, junto con la soprano italiana Adelina Patti, otra estrella de la época, se presentó en el Teatro Tacón, de La Habana, y en el de la Reina, de Santiago de Cuba. En 1859, de nuevo, convocó a músicos cubanos para participar junto con una orquesta filarmónica en la interpretación de la sinfonía *Una noche en el trópico*, a la que añadió instrumentos de percusión afrocubanos. Esa innovación podría estar detrás de algunos de los sonidos que desembocarían con posterioridad en el jazz. Apasionado de la cultura musical cubana, Gottschalk incorporó algunas de las armonías que escuchó allí. Esa sonoridad fue la misma que atrapó años más tarde a Federico García Lorca, tal y como expresó en el poema «Son de negros en Cuba» y como relató a través de su prosa, en la que enlaza las referencias musicales a las que se expuso en Nueva York y Cuba con el flamenco: «Todo lo que tiene sonidos negros tiene duende... Estos sonidos negros son el misterio, las raíces que se clavan en el limo que todos conocemos, que todos ignoramos, pero de donde nos llega lo que es sustancial en el arte».[20]

En diciembre de 2014 se celebró en el French Quarter un encuentro con el título «Louis Moreau Gottschalk y el mundo español» para reconocer la trayectoria e importancia de Gottschalk en el desarrollo de la música de la ciudad en el que actuaron el pianista Peter Collins y la soprano Amy Pfrimmer. Según una información del periódico local *The Times Picayune*, Collins, que además fue profesor de música en la Universidad de Misuri, aprovechó para señalar la conexión entre los aclamados viajes del pianista a España y las influencias cubanas: «Creo que muchas piezas de este programa mostrarán esa conexión, especialmente aquellas con los ritmos caribeños sincopados —y añade sobre Gottschalk—: Era técnicamente innovador, y forjaba su propia identidad en lugar de imitar a los grandes compositores europeos de la época. Creo que Gottschalk, en muchos sentidos, estaba mirando al siglo xx».[21] Esa referencia de Peter Collins al futuro se relaciona con la postura de algunos musicólogos que consideran que la influencia caribeña de Gottschalk es el precedente del *ragtime*, que luego derivó en el jazz de Nueva Orleans.[22]

El periodo español de Luisiana es una de las claves para entender la idiosincrasia particular de la composición social y cultural de la ciudad, especialmente a través de la presencia durante la época colonial de emigrantes llegados de Canarias y Málaga, y de su imbricación con la ciudad. Ned Sublette, escritor, músico y productor, en su libro *The World That Made New Orleans*, apunta que la influencia española, muy presente todavía hoy en la arquitectura y toponimia de sus calles, fue determinante: «El periodo español fue crucial en la creación de la cultura afro en Luisiana y constituye un momento singular en la historia afroamericana».[23] Según Sublette, «durante los años en que el gobernador español de Luisiana informó al capitán general español de Cuba, las reglas de Nueva Orleans sobre los esclavos eran muy parecidas a las de La Habana. Había una gran población de gente libre de color. Los esclavos eran maltratados, pero tenían algunas libertades y, lo más importante, tenían el derecho de comprar su libertad». Y a continuación añade: «La gran ciudad de La Habana, centro del comercio marítimo, acogía la música de todas partes, incluida la de Luisiana, pero la irradiaba con más fuerza aún». En el habanero Teatro Tacón, Gottschalk estrenó *Una noche en el Trópico* con tambores de la tumba francesa tocados por esclavos de Santiago de Cuba.

Así pues, en la Nueva Orleans actual no se olvida la conexión de la música local con Haití y Cuba. Una sinergia de mezcla y encuentro que también se hace evidente en apellidos, nombres de calles, referencias históricas y mitos. Marie Laveau, la «Reina del Vudú», quien dominó con sus rituales la sociedad pudiente de Nueva Orleans a principios del siglo XIX, estuvo casada con un negro libre proveniente de Haití, Jacques Paris. La liturgia de sus prácticas y ritos era haitiana y procedía de África. Jelly Roll Morton, negro criollo, pianista pionero del primer jazz de la ciudad, reclamaba como ingrediente fundamental para entender la música de Nueva Orleans el *spanish tinge* o «toque español». La declaración de Morton, frecuentemente utilizada para conectar la presencia española con el origen del jazz, tiene para Rosa Marquetti un sentido más abierto: «Ese llamado *toque español* contiene la influencia innegable de África, que llegó a la península ibérica mucho antes que al continente americano. A mi juicio, cuando llegan a Nueva Orleans los primeros músicos cubanos, ese *toque* era algo más que español y algo más que africano, era un toque que ya comenzaba a *aplatanarse*, a *acriollarse*».

Ese origen criollo y mestizo está en la particularidad de

un sonido que no reniega de sus conexiones a través de un conjunto de viajes cruzados que se encuentran en los inicios del jazz y otros ritmos posteriores, y que dio origen al *swing* de Nueva Orleans. La pieza para piano más famosa de Gottschalk es *Bamboula. Dans de negres*, dedicada a la reina Isabel II de España. La *bamboula* es un tambor de origen africano y era el instrumento que sonaba tanto en Congo Square como entre los esclavos de las Antillas a principios del siglo XIX. También se llama así al baile que acompañaba esos ritmos colectivos, muchas veces improvisados. Su origen es el oeste de África.

En esa pasión por la mezcla y la búsqueda de sonidos diferentes estuvo Louis Moreau Gottschalk. Tanto él como Federico García Lorca tuvieron en Santiago de Cuba, como en otros lugares geográficamente distantes, un reflejo desde el que mirar el mundo y proyectar el lenguaje del arte buscando en los orígenes y las tradiciones. Moreau Gottschalk sufrió un colapso el 24 de noviembre de 1869 a causa de la fiebre amarilla que había contraído un año antes. Murió con cuarenta años en un hotel de Río de Janeiro, según parece, por sobredosis de quinina. Sus restos se trasladaron a Nueva York, ciudad en la que vivió los últimos años de su vida, y está enterrado en el cementerio de Green-Wood, en Brooklyn, junto a una estatua de representación celestial acompañada de la leyenda «Ángel de la Música».

CAPÍTULO 2
Jazz y democracia

La secretaria del Departamento de Lenguas de la Universidad de Xavier, frente a quien esperamos en la entrada del corredor, es una mujer blanca, de aspecto amable y que ronda los setenta años. En su escritorio hay cientos de muñequitos de cuerda que están accionados y se mueven al mismo ritmo, su sonido inunda el espacio de manera mecánica durante el tiempo de espera. Dr. Michael White llega tarde a la cita porque estaba con un alumno «que tenía unas dudas con el clarinete»[24] y pide disculpas. El encuentro es en su despacho, frente a una mesa repleta de papeles y botellas de agua vacías. White (Nueva Orleans, 1954) nos lleva hasta allí apurado, a paso ligero, clarinete en mano. Dr. White barrunta pensativo antes de lanzarse a hablar. Está enojado y parece tener un discurso encendido, pero habla con pausa, tono suave y masticando las palabras en castellano. «Trump representa el racismo y a los ricos que controlan el 90 por ciento del dinero del país», cuenta nada más sentarse, sin necesidad de preguntas. Dos días antes, el 8 de noviembre de 2016, el republicano Donald Trump había ganado a la candidata demócrata Hilary Clinton las elecciones a la presidencia del país.

White relaciona la victoria con la composición social que se está formando en Estados Unidos: «En los *reality shows* se vende un modelo de persona que solo aspira a ser millonaria y poder tener una vida fabulosa sin necesidad de estudiar en la escuela ni trabajar mucho. También están esos programas, los *talents*, que son *reality shows*, donde parece que, aunque no cantes bien, lo importante es estar en la televisión frente a millones de personas. Ser rico y famoso parece fácil». Su despacho es pequeño, no supera los diez metros cuadrados, y rebosa en un aparente desorden. «Este país está enfermo. El otro día un tipo en un avión tuvo un problema de salud y las azafatas buscaron un médico entre los pasajeros. Había una médica negra y le dijeron que no, que buscaban un médico, como si ella fuera menos por ser mujer y afroamericana. Es la realidad de América. Obama fue una oportunidad, pero Trump nos ha mostrado el país en que vivimos. Muchos de nosotros estamos avergonzados de lo que ha pasado en estas elecciones. Incluso es difícil hablar con amigos de otros países. Trump es un idiota que no quiere a los extranjeros, cuando justo este es un país construido por inmigrantes.»

Dr. Michael White es el mayor difusor y representante del jazz tradicional de Nueva Orleans en la actualidad. Proviene de una familia de músicos de larga tradición. Profesor de español y de cultura afroamericana, además de maestro de música en la Universidad Xavier, White está entre los pocos clarinetistas actuales que desarrollan una interpretación original del estilo de Nueva Orleans. «El clarinete es un instrumento especial. Es uno de los símbolos del jazz de Nueva Orleans. La tradición del clarinete criollo es uno de los estilos más importantes y especiales de todo el jazz. Comenzó con The Tio Family, que fueron clarinetistas, pero también profesores de música. Los hermanos Lorenzo y Louis no tocaban jazz, pero enseñaron a muchos de los clarinetistas de jazz más importantes e influyentes, como Omer Simeon, Jimmy Noon, Albert Nicholas, Luis Russell o Sidney Bechet. El clarinete fue el instrumento más avanzado, con más solos y más desarrollo de Nueva Orleans. Su sonido es como la voz de la viuda en los *jazz funerals* que llora por el muerto, y a la vez es un instrumento que da mucha libertad para bailar, se mueve entre el sonido de la trompeta y otros ritmos.»

En el despacho hay una estantería abarrotada de cedés y otra en la que se acumulan papeles. White se levanta varias veces durante la conversación con el fin de buscar alguna referencia para ilustrar lo que cuenta, pero no la localiza y regresa a su silla. Pocas veces suelta su clarinete. El espacio tiene una única ventana que da al pasillo del departamento y una segunda puerta de la que cuelga una percha con una americana marrón. Su gesto habitual es la sonrisa. Algunas respuestas las amplía con un solo de clarinete. «Mi relación con el clarinete es por la ciudad y por tradición familiar. Es un instrumento que se asocia con la música clásica, en el resto del país tiene un sonido más clásico, pero aquí puede ser un instrumento de *soul* o *blues*. Un instrumento con sentimiento negro.»

En el centro de Nueva Orleans, en Jackson Square, en la fachada de un edificio adyacente a la catedral de Saint Louis luce la palabra «Cabildo». A lo largo de la historia, la plaza tuvo diversos nombres. Durante la etapa francesa se llamaba Place d'Armes y en el periodo español se castellanizó como plaza de Armas. El cabildo, construido en 1785, fue la sede del Ayuntamiento de la ciudad hasta 1850. Como la mayoría de los edificios del French Quarter, la plaza quedó completamente destruida por el incendio que arrasó el centro de Nueva Orleans en marzo de 1788 y no se reconstruyó hasta el año 1799. El cabildo fue el lugar donde se celebró la ceremonia de la compra de Luisiana a finales de 1803 y, luego de servir para diferentes usos, a principios del siglo XX se convirtió en la sede del Museo Estatal de Luisiana. En 2005 sobrevivió al huracán Katrina sin apenas desperfectos. Días después de que se produjera la tormenta, la Policía Estatal de Luisiana utilizó el edificio como base de operaciones provisional. El objetivo del centro, además de albergar eventos temporales y la exposición permanente, es preservar, investigar y exhibir una colección de casi medio millón de objetos. Dentro de la exposición permanente dedicada a los huracanes, en una vitrina, hay cinco clarinetes deteriorados por el agua y acompañados de una frase de Dr. Michael White: «Nunca perderé las cosas más valiosas que tenía antes del Katrina: el jazz, la memoria, el conocimiento de los viejos músicos y la fuerza y la sabiduría que viene de treinta años de una vida dedicada al jazz. Esas cosas estarán siempre conmigo y enriquecen mi alma».

White perdió buena parte de su colección de instrumentos, entre los que había más de cincuenta clarinetes, cerca de seis mil discos de todas las épocas e innumerables recuerdos de músicos de la ciudad, la mayoría fallecidos antes del Katrina. La tormenta arrasó con su casa y su archivo quedó completamente destruido. White levanta las cejas con resignación cuando recuerda el huracán y cómo afectó a su patrimonio, para retomar la conversación desde la victoria electoral de Trump: «Hay una reacción curiosa —deja escapar un suspiro y prosigue—: La victoria de Trump va a estimular la creatividad, porque hay mucha gente enojada y eso es una paradoja. Mi época más creativa fue tras el Katrina, cuando perdí todo. Mi casa, mis fotografías, mi colección de clarinetes, la boquilla de Sidney Bechet, música original en grabaciones irrecuperables, miles de discos y libros, cuerdas de banjo y contrabajos, baquetas de bateristas únicos..., pero eran objetos. Lo que de verdad perdí fueron personas, músicos, amigos y familia. Todavía hoy pensar en esos días es muy difícil. Me cambió la vida. Pero desde aquello toco con más emoción y sentimiento.»

En 2007 Dr. Michael White publicó el disco *Blue Crescent*: era su respuesta al huracán Katrina y todo lo que había ocurrido en los días posteriores. En el libreto explica la intención de su trabajo: «Mi música representa una amplia gama de estados de ánimo y emociones que reflejan la vida actual en la Ciudad de la Luna Creciente.* Como resultado, gran parte de la música es optimista, alegre y bailable. Algunas canciones tratan la iro-

---

*Blue Crescent.

nía, la tristeza y la nostalgia. La luna creciente es un símbolo de transición y transformación». Entre los temas elegidos y compuestos por White está «King of the Secondline», inspirada en la memoria de Ernest «Doc» Paulin, «la última leyenda viva de la primera tradición del jazz», uno de sus maestros musicales. «Durante varias décadas su banda sirvió como formación para jóvenes músicos, como yo, que se iniciaron en el jazz y sirvieron como aprendices bajo su mando y el de varios músicos mayores de su banda, en las calles y barrios negros de Nueva Orleans. Paulin era un sabio y astuto líder jazzista, con un rico y expresivo estilo de trompeta original que hizo que muchos *secondliners* que desfilaban lo reconocieran como el Rey.»[25]

En Nueva Orleans hay un debate entre tradición y renovación alrededor del jazz y la *secondline*. No es exclusivo de allí, es una discusión bastante universal en cualquier sociedad con géneros musicales de largo recorrido donde la *pureza* es un tema recurrente. Lo que sí comparte mucha gente es que se trata de un espacio colectivo de resistencia donde, a partir de la alegría de un encuentro en igualdad, se produce una afirmación de empoderamiento racial y se da una consideración mutua entre todas las personas que participan. Esa reciprocidad es corporal, física, se manifiesta a través del baile y de reclamar conjuntamente las calles. Hay interdependencia entre músicos, clubes y vecindario. A partir de finales de la década de 1970 se introdujeron otros sonidos en la *secondline*. El *funk* y el *hiphop* entraron junto con una nueva generación, lo que alimentó el debate sobre tradición y renovación. La discusión también tiene que ver con la política: aunque explícitamente no es un elemento de la *secondline*, la *nueva generación* introdujo un discurso de denuncia más intenso que el que se encontraba en otras formaciones clásicas, donde los himnos o las canciones espirituales tenían mayor peso.[26]

Dentro de ese debate, Michael White está considerado en el *bando* de la tradición, pero el asunto no está tan claro. En un texto que publicó en *The Journal of American History* escribió: «A finales de los años setenta y principios de los ochenta comenzó una evolución y explosión de bandas de música nuevas y jóvenes. Grupos como la Dirty Dozen Brass Band y la Rebirth Brass Band cambiaron los viejos uniformes, el repertorio y los valores por una escena callejera actualizada que combinaba la informalidad contemporánea con un nuevo y vibrante sonido formado por la mezcla de jazz moderno y tradicional, música pop contemporánea, canciones indias del Mardi Gras, *hip-hop* y *rhythm and blues* de Nueva Orleans». Y aseguraba: «Además de aumentar el número de bandas de música jóvenes, los desfiles de clubes sociales y los *jazz funerals* recobraron su popularidad. Los nuevos estilos y formatos han dominado las procesiones de la comunidad y la escena de las bandas de música durante más de veinticinco años».[27] En el texto, White menciona también el importante contenido social de la *secondline*: «Los desfiles de la comunidad desde principios del siglo XX no solo celebraban las tradiciones ancestrales, sino que dan espacio al orgullo y a la libre expresión; promueven la visibilidad, la unidad, el respeto y la fuerza». En otros textos, sí ha criticado algunas derivas de esa renovación: «Aquello que un día fue un funeral de jazz, solemne y respetuoso, se ha quedado en una sombra de su esencia original».[28]

Desde su despacho explica que, más que una oposición a las nuevas formas de la *secondline*, tiene una «preocupación» por la posible pérdida de las referencias originales. «No se puede entender la alegría del jazz sin tener en cuenta el sufrimiento de la comunidad. La historia es muy importante. La música de la *secondline* expresa la vida de la gente de Nueva Orleans: hay sufrimiento, pero hay alegría, en la forma de bailar, de hablar, de caminar... Nuestra música es una expresión de la vida, somos una rama de un árbol grande, que es la cultura de aquí. Lo puedes ver incluso en la comida, cada uno improvisa y crea su propia forma de *gumbo*, hay infinitas formas de cocinarlo.

Incluso la forma de construir casas o cómo se visten los clubes. Es mezclar colores de una manera no formal, cambiar el concepto de lo aceptable y de lo normal y así crear una unidad entre el club y la comunidad.»

Para White esa referencia permanente al origen es la que no puede perderse en ningún caso, porque tiene unas raíces históricas que se deben conservar. «Aquí no se estudia la historia, y todo viene de nuestra herencia. Bailamos con paraguas y pañuelos que vienen del oeste de África. El baile está libre de las reglas, de las apariencias, del racismo. Es el espíritu de África mezclado con instrumentos de Europa. Tenemos una herencia de sangre mezclada donde lo africano domina —y remarca—: En el jazz verdadero está el espíritu de África.» Sus dudas sobre las *nuevas tendencias* en la *secondline* están relacionadas con que se pierda ese referente. Pero, al contrario de lo que pueda parecer, White se muestra abierto e interesado por las bandas de jóvenes y también por la música de otros lugares, aunque insiste en una idea que sí le preocupa: «He tocado con gente que nació a principios del siglo XX y había entonces una tradición de desfiles de iglesias, tocábamos los domingos por la mañana en celebraciones especiales, eran *secondlines* tranquilas, con menos gente, pero con un fuerte espíritu de comunidad. Las mujeres, vestidas de blanco; los hombres, de negro, y los niños, muy elegantes, portando banderas. Tocábamos solo himnos, marchábamos por las calles de manera tranquila y ordenada, pero esa tradición ya no existe ahora».

Michael White tiene numerosos reconocimientos nacionales e internacionales por su valía como músico y pedagogo. Cuando era adolescente, comenzó a tocar en público en la *brass band* de Doc Paulin; luego, en Young Tuxedo Brass Band —fundada en la década de 1940 por el clarinetista John Casimir—; en la década de 1980 dirigió la banda The New Orleans Hot Seven, y en 1981 fundó The Original Liberty Jazz Band. Su combo fue un clásico en la programación de la fiesta de Año Nuevo del Village Vanguard, uno de los clubes de jazz más míticos de Nueva York, por donde pasaron John Coltrane, Bill Evans, Lester Young, Charles Mingus, Stan Getz, Sonny Rollins... o el inconmensurable Miles Davis. Es el local desde el que se catapultó Thelonious Monk y de cuyas paredes cuelga la memoria de tiempos y aromas muy seductores para la historia del jazz. Un templo de la cultura y la música en vivo donde también actuó Sidney Bechet y donde Michael White o Wynton Marsalis han grabado discos en directo.

Wynton Marsalis tiene partidarios y detractores por todo el mundo, la conversación sobre su trabajo y, especialmente, sobre su postura a la hora de hablar del jazz suele salir sorprendentemente en cualquier festival de jazz y bares aledaños. Wynton Marsalis (Nueva Orleans, 1961) es probablemente el artista vivo de jazz con mayor proyección mediática global. Director artístico del Lincoln Center de Nueva York, acumula varios premios Grammy y fue el primer músico de jazz en ganar un Premio Pulitzer de música por su oratorio *Blood on the fields*, en el que narra la historia de dos esclavos, Jesse y Leona, en su viaje hacia la libertad. Para Wynton Marsalis el jazz «proporciona a los músicos y a los oyentes un sentido de propiedad por igual, un concepto de romance. Nos proporciona, además, una perspectiva histórica, una aceptación espiritual de lo necesariamente opuesto, un optimismo incesante frente a la tristeza y, por supuesto, la capacidad de escuchar».[29]

La reiteración en la importancia de mantener un pie siempre en conexión con el jazz tradicional es la que ha generado más controversia alrededor de la figura de Wynton Marsalis, además de su papel como *gurú* mediático del jazz... desde la ciudad de Nueva York. En buena parte, porque el carácter de Wynton Marsalis se construyó a base de algunas afirmaciones polémicas, en las que de alguna manera minusvaloró toda aquella música jazz que no viniera o estuviera en conexión con las raíces de Nueva Orleans. «He tocado con Wynton muchas veces —señala White—, he grabado con él varios discos y he programado jazz de Nueva Orleans para el Lincoln Center. Un día me llamó, hace muchos años, porque quería descubrir la música de la *secondline*; a partir de ahí le enseñé mucha de la música que ha incorporado a su repertorio. Él es un creador importante a nivel internacional y tiene mucho mérito. Es el primer músico moderno que ha puesto en valor la música de Nueva Orleans; antes, los músicos de fuera no sabían valorarla y la despreciaban. Pero gracias a Wynton Marsalis, muchos compositores contemporáneos aprecian nuestra música. Es mérito de Marsalis y no se le puede negar: ha ayudado a que se respete la imagen de la música que se hace aquí.» Otro asunto, como dice alguna gente en Nueva Orleans cuando sale el debate, es que esa reivindicación se realice desde Nueva York, con músicos que no han nacido en Nueva Orleans: «Son buenos solistas, pero les falta ese punto que únicamente tenemos aquí». White sonríe con picardía cuando se le pregunta por el comentario, pero añade otro valor al trompetista: «Hay un movimiento de jóvenes que vienen aquí para aprender el sonido de Nueva Orleans. Muchos tocan en la calle para ganarse el respeto y algo de dinero. Eso está bien, así se desmonta la idea del Dixieland** y de que aquí todo es cómico y ficticio. No sé si esto tiene que ver con Wynton Marsalis, pero desde luego él logró que se nos tomase más en serio. Y eso es bueno».

La expresión corporal de Dr. Michael White cambia cuando se le pregunta por la influencia de Louis Armstrong en la música. Incorpora una enorme sonrisa, se repanchinga en la silla y muestra un brillo especial en la mirada. Antes de res-

---

**Dixieland es un estilo de jazz, con predominio de los instrumentos de viento, que se desarrolló en la década de 1910 en Nueva Orleans. El término es polémico porque muchas veces se utiliza de manera despectiva para referirse al jazz *clásico* de la ciudad y porque fue popularizado en Estados Unidos por formaciones musicales compuestas por músicos blancos.

ponder, respira profundamente y estira los brazos para, a continuación, juntar sus manos con fuerza sujetando el clarinete, que queda apoyado por un instante en la mesa. «Louis Armstrong es el músico más importante y con mayor influencia de todos los músicos de jazz. Fue un genio, lo que él creó fue increíble, especialmente entre 1920 y 1934. Es el ciudadano más famoso de Nueva Orleans.» Pero puntualiza: «El problema de Armstrong, en términos de música, es que tocó varios estilos. Al principio tocó jazz con bandas, en una etapa maravillosa, como son los *blues* con Bessy Smith; en la década de 1930 hizo *big band* y *swing*; en 1946 regresó a grupos pequeños y ahí mezcló música tradicional no estricta con otra más orientada al espectáculo. En esa fase ya no tenía el sonido verdadero del jazz de Nueva Orleans, pero en esa segunda etapa la música de Louis Armstrong representa la alegría para todo el mundo, es la alegría de vivir en su manera de cantar, en su sonrisa, en su manera de tocar la trompeta. Desde el punto de vista del jazz, temas como "What a Wonderful World" no es música auténtica.» Y, recuperando el brillo en la mirada y la sonrisa, añade: «Como clarinetista, es sin duda una de mis grandes referencias y todavía escucho su música. Incluso sé que, si lo hago una hora antes de un concierto, voy a ser más creativo y libre. Él es una inspiración. Su sentimiento de pasión humana no fue algo que adquiriese por notas y aprendizajes musicales, cambió la música en el mundo».

White es una persona atenta a otros sonidos. «Concha Buika tiene el espíritu, en su voz, del flamenco y de África, esa mezcla es muy emocionante para mí —y, después de hacer una pausa, vuelve al principio de la conversación—: Esta misma mañana estaba pensando en escribir una canción que exprese las emociones que siento con la victoria de Trump. Este tipo de catástrofes motivan un renacimiento del arte. También es una oportunidad para nosotros, unirnos desde abajo, blancos, negros, mujeres…, otras comunidades. ¿Qué vamos a hacer?, ¿qué tipo de vida queremos?». Le preocupa qué piensa el mundo de su país: «Entre mis alumnas hay una que está en el Ejército; le dije que, si va a la guerra, el enemigo va a disparar con armas que le vendemos nosotros. Ese es el negocio. Y es importante conocer nuestra propia historia, el genocidio que ocurrió con los nativos americanos. El general Custer murió porque los indios compraron sus armas a otros blancos que solo querían dinero. Esa es la lógica del poder blanco. No importa si matas a los tuyos, es un negocio». Y relaciona esa lógica con lo que pasa con la comunidad afroamericana: «Ocurre con todo, también con la comida, no les importa si ponen veneno en la alimentación. Aquí, en Nueva Orleans, hay muchos casos de cáncer porque el río Misisipi está lleno de productos químicos y residuos. Nosotros bebemos y nos bañamos en esa agua, cocinamos con esa agua. Y a los políticos no les importa, ya les pagan por debajo de la mesa para tolerar esa contaminación. Nuestro Gobierno permite que McDonald's venda hamburguesas con bajísimos niveles de calidad, son tóxicas, envenenan a nuestra comunidad y así nos destruyen». Para White, la victoria de Trump debe servir para reivindicar con más fuerza los derechos civiles, las luchas sociales y el «nuevo» movimiento de liberación negro.

Cuando habla del «nuevo» movimiento, se refiere a un «despertar de la conciencia» afroamericana. En 2013 por todo Estados Unidos se extendió el lema «Black Lives Matter».[***] Lo que comenzó como una consigna en redes sociales derivó en un movimiento político y activista por todo el país después de la absolución del vigilante de una urbanización privada en Florida, George Zimmerman, que asesinó al adolescente afroamericano Trayvon Martin de un disparo. La indignación y las manifestaciones de protesta aumentaron un año después, cuando la policía de Ferguson, Nueva York, disparó contra dos

---

***Las vidas negras importan.

hombres negros desarmados, Michael Brown y Eric Garner, que precisamente protestaban por el caso de Trayvon Martin. Fue entonces cuando Black Lives Matter se constituyó formalmente en movimiento organizado. Su manifiesto señala: «Trabajamos por un mundo donde las vidas de las personas negras ya no sean sistemáticamente objetivos a los que matar. Afirmamos nuestra humanidad, nuestras contribuciones a esta sociedad y nuestra resistencia frente a la opresión mortal».[30] El movimiento surgió con tres cofundadoras: Alicia Garza, Opal Tometi y Patrisse Khan-Cullor. Garza hizo viral un mensaje desde su perfil en redes sociales sobre el que se construyó más tarde toda la reclamación del movimiento tras la muerte de Trayvon Martin: «Gente negra. Os quiero. Nos quiero. Nuestras vidas importan. Las vidas de los negros importan».[31] El manifiesto de la organización tiene un punto de partida reivindicativo sobre quiénes participan: «Somos un colectivo de libertadoras que creemos en un movimiento inclusivo y amplio. Debemos asegurarnos que estamos construyendo un movimiento que nos lleve a todas al frente. Afirmamos la vida de las personas negras *queer* y *trans*, las discapacitadas, las indocumentadas, las que tienen antecedentes, las mujeres y todas las vidas negras a lo largo del espectro de género. El llamamiento de Black Lives Matter es un grito de guerra para todas las vidas de las personas negras que luchan por la liberación».[32]

Dr. Michael White cree también en la necesidad y urgencia de esa conversación dentro de la sociedad estadounidense: «Con Black Lives Matter estamos reivindicando esa igualdad de razas que está en el origen de la música de Nueva Orleans, pero que es una batalla de actualidad. Tiene que ver con cómo vivimos las comunidades negras. Los músicos de aquí lo expresamos a través de la *secondline*». Para él, un factor clave, en esa sinergia de liberación, es la improvisación, una característica propia del jazz: «La improvisación significa la libertad, la lucha contra la invisibilidad. El pensamiento negro no tenía valor en la sociedad, pero con el jazz uno tiene voz. Aprendí de los viejos músicos, que nacieron antes de 1910, todos decían lo mismo: lo más importante es expresar tu propio tono, como si fuera tu voz, porque eso te hace ganar respeto, visibilidad en la comunidad, orgullo. Es la manera de expresar emociones a través de la música. Esto no es solo un clarinete —dice, agarrando con fuerza el instrumento—, es una forma de expresar mi voz y mis sentimientos. Yo tengo influencias de otros clarinetistas, pero no quiero sonar como ellos, quiero sonar con voz propia. Es un modo de cambiar la invisibilidad por visibilidad y respeto. El tono tiene que ser tan obvio como mi cara, mi voz y mi forma de escribir». Y continúa con lo que para él es la ecuación perfecta entre música y libertad: «Cada uno de los músicos antiguos tiene su propia voz. Se puede identificar en segundos a Sidney Bechet o George Lewis…, pero uno de los puntos más importantes del jazz de Nueva Orleans es la improvisación colectiva, que es una manera de unirse la gente y también de mostrar fuerza. Crear algo que es más poderoso que el individuo».

Tras más de dos horas de encuentro y varias respuestas acompañadas del sonido sugerente del clarinete, Michael White quiere dejar clara la importancia de todo su discurso en relación con la democracia: «La *secondline* es la democracia en estado puro, da igual quién eres, lo que haces, cómo bailas, todos somos iguales y el baile que crea cada uno tiene su propio valor, uno puede interpretar el baile como quiere. Todos son buenos. Se pueden usar todos los elementos de la calle para generar sonido, son parte de la filosofía, bailar encima de un coche o de una casa, todo puede cambiar para incorporar la individualidad de cada uno y eso es fundamental en el jazz de aquí, una metáfora de pura democracia». Y añade, a modo de reflexión sobre su propia experiencia: «Cuando toco, pongo el sentimiento y la música de los negros de Nueva Orleans en mi sonido, la música es una expresión de la humanidad y de su experiencia en la Tierra. No tiene que ver ni con la época, ni con las naciones, ni con las razas. Es una expresión humana y es universal, hay gente que puede conectarse. Siempre ocurre, me ha pasado cuando he tocado en Cuba o en otros lugares del mundo».

Michael White no quiere terminar el encuentro sin recordar lo importante que es la historia para enseñar el legado a las generaciones futuras. Buena parte de su trabajo de investigación alrededor del jazz de Nueva Orleans tiene como objetivo, precisamente, poner en valor ese trayecto: «La población negra recibió la influencia de muchos tipos de música, desde la que hacían los irlandeses, los nativos americanos o los haitianos, hasta las marchas militares de franceses y españoles. Después de la Guerra Civil en Estados Unidos, muchos esclavos vinieron aquí buscando mejor vida, trajeron las tradiciones del *blues* del Misisipi, los espirituales y las canciones de trabajo de los esclavos. En esa música hay características de la música africana, hay una combinación entre el ritmo central y la melodía. También la participación de todo el grupo para crear una música con sentido, a lo que se unen todas las influencias que vinieron antes». Y enfatiza: «El jazz tiene valores democráticos, no hay una idea de destruir todo lo anterior, sino de seguir con la armonía, con la idea de suavizar y liberar todo para hacerlo más personal e inclusivo, menos estricto y más divertido». En esa reivindicación de la alegría, Dr. Michael White resalta como punto final su visión sobre los *jazz funerals* mientras guarda con delicadeza el clarinete en su estuche: «Nosotros nacemos y morimos con la música».

CAPÍTULO 3
Funerales con música

El 1 de abril de 2020, con ochenta y cinco años, Ellis Marsalis falleció de una neumonía provocada por la COVID-19, la pandemia que removió los cimientos del planeta en una suerte de convulsión global que mostró la fragilidad del género humano. La muerte del pianista, líder de una familia plena de artistas en la que destacan como intérpretes sus hijos Wynton, trompetista, y el saxofonista Branford, dejó un hueco importante en las referencias locales de la *vieja escuela*, supervivientes de las derivas de la ciudad y las circunstancias de las últimas décadas. «En Nueva Orleans, la cultura no baja del cielo, sino que brota de las calles», dijo Ellis Marsalis en una frase utilizada recurrentemente para explicar la fuerza de la música en la ciudad.

Tras su muerte, Herbie Hancock, pianista y una de las grandes referencias vivas del jazz contemporáneo, señaló en su cuenta de Instagram: «Perdimos a un gran pionero en el arte del piano de jazz moderno y en el avance de la educación musical. Inculcó a otros, incluyendo a sus hijos, liderados por Wynton y Branford, los frutos de su legado para compartirlo con el mundo mientras creaban el suyo propio. Que descanse en paz».[33] Por su parte, el propio Wynton, en una nota sobre la pérdida de su padre, apuntaba: «Era un hombre humilde con un sonido lírico que capturaba el espíritu del lugar —Nueva Orleans, The Crescent City, The Big Easy, The Curve—. Como muchos padres, se sacrificó e hizo todo lo posible por nosotros. No solo cosas materiales, sino también cosas con sustancia y bellas, como la capacidad de escuchar música complicada, leer libros, contemplar el arte y tener una filosofía amable».[34]

La mujer de Ellis Marsalis, Dolores, matriarca del clan, falleció dos años antes, el 18 de julio de 2017. Nació también en Nueva Orleans, y la gente que la trató destacaba su humor y su fuerza existencial. Venía de una familia con tradición musical: su tío abuelo Wellman Braud tocó en las primeras giras de la *big band* de Duke Ellington y a él se atribuye la invención del estilo de *walking bass* («contrabajo andante»), que provoca una sensación similar al ritmo de los pasos al caminar. En el obituario de la familia, Wynton Marsalis recordaba cómo su madre los había educado desde pequeños en valores como el respeto y la educación. Nacida en los *projects*,* Dolores tenía muy presente la trayectoria de la comunidad afroamericana: «Cada año que pasa, entiendo lo profunda que fue la esclavitud»[35] y la importancia fundamental de la educación en la lucha contra las desigualdades sociales. Una educación que debía tener, según ella, un fundamento: «No es cuestión de que obtengas un título, es lo que hay detrás de ese título».[36]

En el funeral por la muerte de Dolores Marsalis, una procesión arrancó después del servicio religioso. Es lo que se conoce como un *jazz funeral*. Tras el velatorio, un grupo de músicos tocan mientras marchan por las calles de la ciudad en homenaje a la persona fallecida. En las imágenes del *jazz funeral* por Dolores Marsalis se ve, entre otros, a sus hijos Wynton con la trompeta, Branford con el saxo y Delfeayo con el trombón. Entre el público está el director de cine Spike Lee, amigo de la familia, grabando con su móvil mientras una multitud, en una atmósfera de respeto y compromiso colectivo, interpreta «I'll Fly Away». La canción es un himno que evoca el camino para limpiar los pecados. La muerte y las desgracias en Nueva Orleans tienen una particular forma de interpretarse.

---

*Viviendas sociales.

Los *jazz funerals* son tradición en Luisiana, aunque hay interpretaciones similares en otras tradiciones culturales del mundo. Se acompaña a la persona fallecida desde su casa, la iglesia o el tanatorio, en una suerte de procesión *musicada* hasta el cementerio, a paso lento y en sincronía de movimientos. Es una forma de reconocimiento en honor a su vida, una ceremonia fúnebre que mezcla tradiciones africanas y europeas. Tras los músicos y la familia, el acceso es libre para todas las personas que quieran sumarse al homenaje. En el camino hacia el cementerio se interpretan himnos fúnebres, para después —una vez enterrado o incinerado el cadáver—, empezar a bailar y a festejar la vida en una *secondline* al ritmo de canciones como la muy popular «When The Saints Go Marching In». En esa forma de reconocer y celebrar a la persona ausente, la alegría de lo compartido en vida prevalece sobre la fatalidad de la muerte. Se celebra el encuentro, a pesar del dolor.

La *secondline* es un pasacalles abierto al público en el que toca una *brass band*. Estas están formadas generalmente por instrumentos de viento con una pequeña sección de percusión, una formación surgida de la deriva *popular* de las marchas y las bandas militares europeas. El nombre de *secondline* viene, precisamente, de la disposición en la procesión del funeral. La primera línea reúne a la familia, amigos cercanos y músicos, en formación; la segunda la forma el resto de gente que se une en señal de respeto a la comitiva. Todo *jazz funeral* es una *secondline*, pero no al revés. Son cientos las que se celebran con ánimo de fiesta y reivindicación a lo largo del año en distintos distritos de la ciudad. Mezclan diversión y compromiso social.

En Nueva Orleans hay más de cuarenta clubes que organizan estos eventos, que pueden durar entre una y cinco horas. A los músicos y la gente que se une para bailar hay que añadirles vendedores ambulantes de bebidas y barbacoas móviles. La zona que atraviesa la *secondline* hace paradas en lugares representativos de la comunidad, donde se muestra respeto por las personas que ya no están presentes. Normalmente, termina en un bar o en la sede de uno de los clubes organizadores, donde se ofrece comida y bebida para los músicos que han participado en la procesión. La energía que desprenden estos eventos es electrizante. Hay gente que se sube a bailar a las casas o a los coches que atraviesa la comitiva, un ritual profano en el que nadie es mejor que nadie y toda la gente que participa forma parte de un mismo cuerpo común, la *secondline*, con independencia del rol que cada persona juegue en el trayecto. La lógica que impera es *we are one***, da igual si has tocado un instrumento o bailado de cualquier manera, el solo hecho de estar allí te convierte en uno más: es un acto de reafirmación colectiva donde todo el mundo tiene valor.

Esta manifestación popular ha entrado a lo largo de la historia en conflicto con las autoridades. Jordan Flaherty, periodista, escritor y activista comunitario residente en Nueva Orleans, cuenta en su libro *Flood Lines* lo ocurrido con *Chief* Tootie Montana en los meses posteriores al Katrina, cuando se criminalizó la música en la calle y los encuentros de la comunidad.[37] En un desfile de celebración durante la noche de Saint Joseph's, la policía rompió la *secondline* y arrestó a varios de los artistas y músicos presentes. Poco después se organizó un encuentro en el ayuntamiento para hablar con la comunidad de músicos y clubes sobre el incidente: «Allison "Tootie" Montana, jefe de jefes, se dirigió a la sala. A sus ochenta y dos años, Montana había sido un jefe indio del Mardi Gras durante cinco décadas. Cautivó a la multitud reunida con los detalles de una larga historia de represión policial vinculada a la discriminación racial, que comenzó en su primer Mardi Gras hace muchas décadas. Tootie terminó así su discurso: "Esto tiene que parar". Y esas fueron sus últimas palabras. Dio un paso atrás y cayó al suelo. Poco después, se informó de que Tootie había muerto de un ataque

---

**Somos uno.

al corazón. Su funeral fue una conmovedora combinación de celebración cultural y manifestación política. Miles de personas salieron, vestidas con todo tipo de trajes, para conmemorar la vida de este valiente luchador por la libertad».[38] Los *indians*, a los que pertenecía Tootie Montana, son toda una cultura dentro del propio Mardi Gras, producto exclusivo de las formas de celebración del carnaval en los barrios negros. Su origen tampoco está muy claro. Habitualmente se dice —como reconocimiento— que tiene una conexión con las rutas de fuga que crearon los esclavos de Luisiana, que fueron apoyadas por los nativos originales de América, los *indios*, en su escapada hacia la libertad. Asimismo, hay textos que los relacionan con la forma de celebrar el carnaval en el Caribe, destacando lugares comunes en cuanto a la vestimenta y cánticos con zonas de Cuba y Trinidad y, también, con formas anteriores de África. Lo que sí parece claro es que son otra muestra de la mezcla de culturas propia de Luisiana. Los *indians* tienen unas características propias similares a una sociedad secreta, con su propio vocabulario y reglas internas. La primera organización del Mardi Gras Indian es de la década de 1880, la Creole Wild West, cuyo jefe era Becate Batiste, un obrero que decía tener ascendencia africana, francesa y de los indios choctaws. Muchos de los actuales *indios* del Mardi Gras también reclaman tener sangre nativoamericana, sus jefes son reverenciados por la comunidad y su tradición emerge de las zonas más desfavorecidas de la ciudad. Un fenómeno que incluso es considerado *underground* dentro de la comunidad afroamericana.

Hay un punto de rivalidad entre las diferentes bandas del Indian Mardi Gras. Hoy en día, la competencia entre las diferentes tribus se relaciona con la fabricación de los mejores trajes que estrenan cada año —que exigen un trabajo minucioso de elaboración— y esa rivalidad es parte de un ritual *performativo* con códigos y canciones propias. La COVID-19 también acabó con uno de los referentes en el mantenimiento del patrimonio cultural de los *indians*. El 8 de abril de 2020 falleció a los sesenta y ocho años Ronald Lewis, quien había construido en su patio The House of Dance and Feathers (La Casa de la Danza y las Plumas), un lugar que recogía la historia local de los *indians* del Mardi Gras en el Lower Ninth Ward, uno de los barrios populares de la ciudad, que fue el más afectado durante el huracán Katrina. El pequeño museo está repleto, desde el suelo hasta el techo, de plumas, brazaletes, trajes, fotografías y recuerdos de todos los tiempos de los clubes sociales afroamericanos.

Entre los barrios de Tremé y del Lower Ninth Ward, Ellis Marsalis dirigía una escuela de música para jóvenes. En una entrevista con el periodista Pablo Ximénez Sandoval al hilo de su actuación en el Festival de Jazz de San Sebastián de 2016, el patriarca de la familia Marsalis señalaba: «Nueva Orleans ha sido para mí no solo el sitio donde nací, sino también una conciencia cultural que te da el estar aquí». En el encuentro el periodista señala cómo Ellis Marsalis insiste en que se aparque la etiqueta del jazz como referencia única de Nueva Orleans, y el músico apunta: «Este es el hogar de Antoine «Fats» Domino, con diecinueve discos de oro, que tocaba *rythm and blues*. También del recientemente fallecido Allen Toussaint —y añade—: El apoyo cultural que los músicos tienen aquí los permite escoger direcciones en las que pueden ser excelentes, cualquiera que sea esa dirección. El jazz es una de ellas».[39]

Los días posteriores a la muerte de Ellis Marsalis, la emisora local WWOZ dedicó varios programas a la figura del músico. En la web de la radio apuntaban: «Toda la familia de WWOZ envía sus mejores deseos a su familia y amigos, y nuestro agradecimiento por los muchos años de música y educación que nos dio a toda la ciudad». Los avatares de Nueva Orleans y sus habitantes muchas veces están unidos por el compromiso con la cultura y la educación. Un lugar desde el que construir espacios de resistencia individuales y colectivos, en los que a través de la formación se trata de enfocar la capacidad de la música para contribuir a la construcción de una sociedad más libre y justa. Un lugar donde el conocimiento de la tradición, como referencia de la propia historia de la comunidad, es uno de los valores que se resalta. Una atmósfera en la que la trascendencia de lo realizado en vida, como ocurrió con Ellis Marsalis, conecta con el respeto del presente y sus derivas posteriores. Desde esa lógica se entiende el *jazz funeral* como un motivo para celebrar la memoria compartida, las enseñanzas aprendidas y la trascendencia más allá de la muerte.

CAPÍTULO 4
Sweet Emma & Preservation Hall

Emma Barrett tenía una presencia hipnotizadora sobre el escenario. Vestía un sombrero rojo que combinaba con ligas del mismo color adornadas por unas campanas que hacía sonar al ritmo que marcaban sus finos y largos dedos de pianista. Nació en Nueva Orleans en 1897 y su virtuosismo al frente de un piano fue por empeño propio: era autodidacta. Comenzó a tocar de manera regular a los siete años y desde los doce actuaba en fiestas con público. El reconocimiento, más allá de su ciudad natal, le llegó tarde —en 1961, cuando ya tenía sesenta y tres años— y se debió al éxito cosechado por un álbum para el sello Riverside Records: *New Orleans: The Living Legends series*.[40] Conocida también como Sweet Emma o Bell Gal*, su voz era raspada y alargaba las palabras, con un profundo acento del sur. Su forma de tocar, de perfil frente a la audiencia, tenía *swing* y desprendía autoridad. Barrett fue una de las primeras mujeres pianistas y vocalistas de jazz de Nueva Orleans conocida, un icono de la música de Luisiana en un tiempo convulso.

La discriminación racial, la violencia sistémica y la segregación constituyeron su atmósfera social cotidiana. Ella resistió al frente de una banda de música en una época de restricciones por género y raza que prohibían a las personas negras alojarse en los mismos hoteles que las blancas, tener un camerino o poder acceder a las salas por otra puerta que no fuera la de servicio.

---

*Dulce Emma o la Chica de Las Campanas.

Barrett supo sortear dificultades y barreras inspirándose en la actitud de orgullo y chulería de la que presumían las solistas de *blues*, especialmente la gran referencia del momento por su música y actitud, Bessie Smith. A pesar de todos los inconvenientes, Sweet Emma tiró de ironía y humor para ganarse el escenario con personalidad propia y una voz que evocaba otras anteriores. A partir de 1963, Barrett comenzó a dirigir la banda de Preservation Hall, con la que realizó varias giras por el país.

La historia de Preservation Hall es especial. Originalmente, en los años cincuenta del siglo xx, el local era una pequeña galería de arte situada en el 726 de Saint Peter Street, en pleno French Quarter. El propietario, Larry Borenstein, pensó que el trabajo en la galería le impedía asistir a los conciertos de jazz y comenzó a invitar a músicos a su local para realizar sesiones de ensayo. En una de esas sesiones se encontraba entre el público un matrimonio de Pensilvania, Allan y Sandra Jaffe, que habían llegado hasta allí durante su viaje de novios, cautivados por el ambiente y la presencia de músicos contemporáneos de Buddy Bolden, como Sweet Emma Barrett o George Lewis. Después de ese primer encuentro, el matrimonio Jaffe decidió trasladarse a Nueva Orleans de manera permanente y llegaron a un acuerdo para hacerse con el local. A partir de 1961 comenzaría la historia como sala de conciertos para la *preservación* del jazz de Nueva Orleans de PresHall, que además era el único espacio del French Quartet abierto en ese momento a un público interracial.

Preservation Hall fue desde su origen símbolo de justicia social, y el espacio tomó partido a favor del movimiento por los derechos civiles en un periodo donde la lucha era desgarradora en Estados Unidos. Ese mismo año, 1961, un grupo de siete afroamericanos y seis blancos organizó un viaje desde Washington D. C. hasta Nueva Orleans en autobús. Era la avanzadilla de los Freedom Riders, un movimiento cuyo objetivo consistía en denunciar el racismo al que se enfrentaba la población negra, que tenía prohibido viajar en las líneas de autobuses interestatales del sur del país. Su lucha estaba fundamentada en la práctica no violenta y la desobediencia civil. El autobús no llegó a su destino. Los viajeros fueron atacados repetidamente durante el trayecto con piedras, palos y todo tipo de objetos ante la pasividad y la complicidad policial, hasta que, como culminación, en Alabama prendieron fuego al autobús, el vehículo que servía para visibilizar la denuncia, y las personas que viajaban en él terminaron agredidas y humilladas.

Lo ocurrido no frenó la voluntad de cambio y resistencia de la población afroamericana. La noticia de la la paliza a los Freedom Riders y las imágenes de odio racial dieron la vuelta al mundo. El poder se vio cuestionado y respondió con rabia a base de porrazos, mangueras de agua a presión y asesinatos racistas. La década de 1960 fue el inicio de una época de luchas y reivindicaciones que se enfrentaron a un muro de segregación e ignorancia, incitado y apoyado desde numerosas estructuras de poder: un combate que dejó un profundo reguero de sangre todavía presente en Estados Unidos.

Mahalia Jackson, «The Queen of Gospel», que también nació en Nueva Orleans, cantó en la Marcha de Washington a favor de los derechos civiles del 28 de agosto de 1963 y su música fue una inspiración para la proclama del doctor Martin Luther King, «I have a dream».[41] Ella puso voz a los cantos de trabajo de los esclavos, a las luchas de liberación de su pueblo, a la espiritualidad de la comunidad y al fervor por recorrer «el camino del Señor» a través de la música. Mahalia Jackson actuó ante la multitud justo antes de que interviniera el doctor King y le animó a que hablase de su sueño, la alegoría hacia la liberación definitiva del pueblo afroamericano. Pero el día a día era una pesadilla. Un mes después de la marcha, el 15 de septiembre de ese año, el Ku Klux Klan puso una bomba en una iglesia baptista de Birmingham, Alabama, que causó la muerte de cuatro niñas. Un crimen atroz que quedó impune en su momento. Dos años después del atentado, el Congreso de Estados Unidos aprobó leyes a favor del derecho al voto de las personas negras y un raquítico reconocimiento de los derechos civiles. El 4 de abril de 1968, en Memphis, asesinaron al doctor Martin Luther King. Su muerte desencadenó disturbios por todo el país. Todo ese contexto se reflejó con especial intensidad en el jazz, con sonidos de liberación surgidos desde distintas visiones, algunas muy diferentes del sonido de Nueva Orleans.

A pesar del clima social desfavorable, Preservation Hall fue un refugio para combatir las injusticias del exterior. En ese tiempo Emma Barrett era la figura más destacada de la banda y su concierto en directo en octubre de 1964 en Mineápolis fue la primera producción discográfica propia de PresHall. En la portada aparece al completo la formación bajo el título *New Orleans's Sweet Emma and her Preservation Hall Jazz Band*. La imagen está tomada en la puerta del local, en el French Quarter, con toda la banda al completo, y Emma Barret figura en la cubierta como «líder y pianista».[42] La imagen indica el carácter del grupo: gesto sereno, sonrisas y elegancia a raudales. También profundidad en sus miradas. En la contraportada del álbum, William Russell, historiador musical y personaje multifacético de la época,[43] señalaba: «El público no pueden evitar pasárselo en grande, porque la banda se lo está pasando en grande. Aunque su música está llena de un refrescante e irresistible gusto por el disfrute, nada es apresurado o precipitado —y, sobre Bell Gal, añadía—: Sin duda esta banda está influida por el estilo único del piano de Sweet Emma —y cerraba el texto con una referencia al momento que vivía el país—: Esta gente ha encontrado, incluso hoy en día, cuando la vida se ha vuelto tan complicada y oscura, que la verdadera excelencia está en la simplicidad».[44]

Como si se tratase de una canción de *blues*, la historia volvió a tener un giro inesperado. En 1967 Sweet Emma sufrió un ataque de apoplejía que paralizó el lado izquierdo de su cuerpo. Ese revés no la detuvo: un año después volvió a tocar solo con su mano derecha y lo hizo de manera prácticamente ininterrumpida hasta su muerte en 1983 En el obituario para *The New York Times*, Allan Jaffe reconocía su importancia en la historia de la sala: «Fue probablemente el principal ejemplo de lo que es una pianista de banda». William Russell, en el mismo artículo, valoraba su energía: «Tenía un poder tremendo. Se sentaba en el taburete, en sus últimos años en una silla de ruedas, con las manos más altas que los brazos, y todavía mantenía su fuerza».[45]

Preservation Hall ocupa actualmente el mismo local en el French Quarter y Ben Jaffe, hijo de Allan y Sandra, dirige el espacio, además de tocar la tuba en la banda principal. En ese combo, desde hace catorce años, toca el saxofón Clint Maedgen, artista multidisciplinar que lleva más de veinticinco años viviendo en Nueva Orleans. Fotógrafo y diseñador, además de músico, fue líder de las bandas de rock Liquidrone y The New Orleans Bingo!, ambas en una línea que mezclaba actitud punk con visuales y *performances*. El artista y músico tiene un estudio en Frenchmen Street, la calle adonde, a partir de la década de 1980, tras las primeras oleadas de turistas hacia Bourbon Street, muchos artistas locales trasladaron sus enseres y donde abrieron varios espacios de música en vivo. Para Maedgen es un orgullo como músico tocar en una formación y un local con tanta historia a sus espaldas, pero apunta que es importante que no se entienda Preservation Hall como «una pieza de museo» y explica la metodología que utilizan cuando salen de gira y realizan talleres de música, como hicieron en las visitas de la banda a lugares como Cuba y Haití: «Cuando viajamos, adaptamos nuestro repertorio, el jazz tradicional lo dejamos para cuando estamos en casa. Diferenciamos lo que hacemos en cada lugar. En los talleres que realizamos damos algunas pautas de formación musical que creemos que es importante para que la gente joven pueda crecer y desarrollar su propio estilo, no el nuestro».[46]

La banda toca en festivales y encuentros en Estados Unidos y por todo el mundo. En 2014 The Preservation Hall Jazz Band realizó una gira con Allen Toussaint por Estados Unidos, un tour que fue muy celebrado porque unía a dos de las más grandes instituciones musicales de la ciudad. Toussaint fue uno de los grandes referentes de Nueva Orleans. Amigo del matrimonio Jaffe, en la década de 1960 actuó en su local y durante años fue cliente habitual de la sala. En unas declaraciones al anunciar la gira, Ben Jaffe declaró: «Somos una banda intergeneracional. Representamos siete generaciones. Preservation Hall permitió que muchas de nuestras tradiciones musicales pasaran de una generación a otra. Es parte de nuestra tradición, como también lo son Fats Domino, Professor Longhair o Allen Toussaint. Al igual que Jelly Roll Morton y Louis Armstrong. Estamos ahí, con esos tipos».[47]

Todas esas referencias están presentes cuando uno atraviesa la puerta de la calle Saint Peter. De las paredes de Preservation Hall cuelgan recuerdos de la historia del local, carteles y retratos de los músicos que actuaron allí. Son parte del aire que se respira en un lugar que mantiene la misma disposición del espacio que en 1961. En el pasillo de acceso para el público, la antigua entrada de carruajes, varios carteles recuerdan a otra de las referencias históricas del local, el clarinetista George Lewis. Al igual que Emma Barret, él fue un fijo durante años en la formación. Lewis nació con el cambio de siglo, en 1900, y también fue autodidacta. Trabajó en el puerto de la ciudad y se enfrentó firmemente a las duras circunstancias de su vida con la ayuda del sonido de su clarinete, que le permitía viajar por paisajes y sensaciones evocadoras de libertad.

El historiador William Russell documentó cómo descubrió a Lewis y la impresión que le produjo cuando fue a grabarle por primera vez: «George me enseñó las cicatrices que le habían dejado los dos últimos accidentes que había sufrido. Dos meses antes había sido hospitalizado con heridas en el cuello cuando un saco de veintitrés kilos se deslizó del barco que descargaba, golpeándole y manteniéndole inconsciente por dos horas».[48] En el segundo accidente, una pieza suelta de un camión le golpeó violentamente en el lado derecho del pecho y terminó de nuevo en el hospital. A pesar de haber ocurrido apenas un mes antes de su encuentro y de que todavía tenía dificultades para respirar, Russell destaca que Lewis aún «se veía con suficientes fuerzas para tocar».[49]

George Lewis falleció en 1969. En su música está presente la fuerza de la espiritualidad y los himnos que sobrepasan un tiempo de explotación. También de alegrías y sonidos sugestivos, a pesar de la falta de aire. La música de Nueva Orleans proyecta sintonías de liberación más allá de los reveses del presente. Lewis y Barret compartieron horas de escenario y complicidades. En los últimos quince años de su vida, Sweet Emma Barrett pasaba el tiempo en la cama o en una silla de ruedas frente al piano de su casa. Tenía la salud frágil y la movilidad muy reducida. Cuando se acercaba la hora de apertura de Preservation Hall, discutía con su hijo hasta conseguir que la llevasen en su silla de ruedas, con sus mejores galas, para tocar o cantar con su banda, en ese suelo de madera que tan bien conocía. En el PresHall, frente a un piano de pared, era donde mejor se encontraba del mundo, ajena a los ruidos y distorsiones del exterior, reconocida por el resto de los músicos y el público como estandarte del poder de la música.

CAPÍTULO 5
Chateau Flamenco

Teresa Romero Torkanowsky comenzó su carrera como bailaora a los dieciséis años, cuando llegó a Nueva York acompañando a su padre, a quien le habían encargado participar en el primer periódico en español que había en la ciudad, el diario *La Prensa*. En ese momento, en el Carnegie Hall estaban actuando Rosario y Antonio, dos de los principales artistas flamencos de la época. En la ciudad había una pequeña comunidad flamenca y gitana, algunos habían buscado nuevos destinos tras la guerra y otros andaban por allí labrándose una carrera como músicos.[50] En abril de 1944, *The New York Times* anunciaba así su presencia en la ciudad: «Rosario y Antonio, la pareja de jóvenes y brillantes gitanos españoles que llevan varios años bailando por aquí en revistas y clubes nocturnos para el placer de todos, se lanzó anoche al mundo de los conciertos con un programa largo y bastante elaborado en el Carnegie Hall».[51] A Teresa le hicieron una prueba para ese grupo, tuvo una entrevista acompañada de su madre y se unió al elenco. En el grupo estaba también el bailaor Luisillo, que ya traía tablas de su estancia en México y sería la pareja de baile de Teresa. En esos años, en Nueva York y en medio mundo tenía notable éxito Carmen Amaya, que contrató a Teresa y a Luisillo en 1947 para actuar en Madrid. A partir de ahí recorrerían el mundo: Brasil, Argentina, París y Londres serían algunos de sus lugares de parada durante dos años de intensa actividad con Amaya. En 1953 decidieron montar su propia empresa: Teresa y Luisillo y su Compañía de Baile Español.

Con su propia propuesta a cuestas, viajan de nuevo por medio mundo, desde Europa hasta América. De vuelta en Nueva York, Teresa y Luisillo actúan cinco semanas y poco después se casan y tienen una hija, María. La pareja no dura mucho tiempo y cada uno escoge su camino. Teresa forma su propia compañía, le salen multitud de conciertos en universidades de todo Estados Unidos y se vuelve a casar, esta vez con el director de orquesta Werner Torkanowsky, que en 1963 es nombrado director de la Filarmónica de Nueva Orleans, puesto que ocupó hasta 1977. Se instalan en la ciudad de manera permanente y tienen un hijo, David Torkanowsky, que es hoy un reconocido pianista y colaborador de la emisora local de radio WWOZ.[52] Teresa montó un club que llevaba el nombre de Tablao El Flamenco y contrataba a los artistas por tres meses, puesto que ella quería que las estancias fueran largas para que los artistas se amoldaran a la ciudad en la que tenían que actuar. Los primeros artistas invitados que llegaron fueron Teo Morca y Conté de Loyo, al baile, con Pablo Cañas al cante. Los siguientes, los bailarines Ciro y Rosa Montoya.

Rosa Montoya descuelga el teléfono en su casa. Al saber el motivo de la llamada, baja el volumen de su voz para atender la conversación, emocionada por el recuerdo inesperado: «Tengo historias como para escribir tres libros»,[53] comenta divertida. Rosa Montoya y Ciro Diezhandino, ella nacida en Madrid en 1946 y él, en Castrillo de Onielo, Palencia, en 1932, formaron una pareja de baile rompedora. Ambos eran reflejo de lo que se conoce en el flamenco como *la maleta*: el viaje de muchos artistas para expandir el arte y sobrevivir económicamente fuera de las fronteras de España. Ese nomadismo, además, se vio intensificado después de la Guerra Civil española, cuando muchos intérpretes tuvieron que salir ante el declive cultural que se produjo con la victoria del fascismo y la moral retrógrada que aplastó el ambiente previo a la contienda. La *maleta* fue entonces el destino de muchos flamencos para subsistir y continúa aún hoy como estilo de vida asociado a la diáspora flamenca por medio mundo.

En el caso de Rosa Montoya, había tradición familiar. Su abuelo, Ramón Montoya, gitano de la zona del Rastro y Lavapiés, fue un pionero en la expansión del flamenco por Europa y tuvo enorme éxito como guitarrista en ciudades como París, donde fue una celebridad y acaparó elogios del público y de la prensa. Todavía hoy está considerado uno de los más grandes guitarristas flamencos de todos los tiempos. El tío de Rosa, Carlos Montoya, también fue un guitarrista aventurero, que actuó a partir de 1920 en escenarios de todo el mundo y que se instaló en Nueva York en la década de 1940, desde donde recorrió todo Estados Unidos acompañado en sus actuaciones por la bailaora la Argentina. Rosa precisa cómo inició su periplo: «Mi tío era muy famoso en América y me decía que fuera para allá. Yo quería ir, pero por mis propios medios. Me llamaron para ir a bailar a Chicago con Ciro y así fue que la cosa empezó y la pelota siguió y siguió, y allí me quedé». Cuenta Rosa que una de las motivaciones para moverse lejos de Madrid era el ambiente que se vivía en España en relación con el arte: «Aquí al artista no se le consideraba, porque si bailabas, se creían que todas éramos putas o maricones. Una vez incluso me dijeron que tenía que *acatar* un poco, yo era muy inteligente y sabía que primero era la copita y luego la manita, pero yo soy artista y no putita para hacer nada con los señores». Con ese ambiente local —cuenta desde su piso de Madrid, encerrada por la pandemia—, emigrar era un estímulo.

Por su parte, Ciro venía de una tradición totalmente opuesta, su palmarés mostraba un recorrido impresionante. En Valladolid, estudió Derecho, carrera que abandonó cuando le quedaba poco para terminar, y se trasladó a Madrid para dedicarse por entero a la danza. En la década de 1950, se incorporó al elenco de bailarines del Teatro de la Zarzuela. En 1959 pasó a formar parte de la compañía de Antonio Ruiz, con la que actuó en París, en Londres, en Sudáfrica y por toda la geografía española. En 1961, fue contratado para bailar como solista en Tablao, en Chicago. En 1962 bailó en un destacado evento, Telstar, en la Feria Internacional de Seattle y apareció en un programa musical en directo entre América y Europa que presentó el presidente John F. Kennedy. A partir de ese momento, se hizo un nombre con solera en los tablaos de América y Canadá y se ganó un prestigio creciente. En 1965, dirigió la coreografía y fue primer bailarín en la producción *Olé, Olé* en el Mairmaid Theater de Nueva York, que fue un éxito en Broadway, donde permaneció mucho tiempo en cartel. Por su trabajo en esa obra recibió la Medalla de la Dance Society de Nueva York. Después de aquello, Ciro Diezhandino montó su propia compañía, con la que realizó numerosas giras por todo el mundo, durante las cuales actuó en los más prestigiosos escenarios del momento, como el Lincoln Center. A partir de 1973, coreografió tres grandes óperas: *Carmen, La traviata* y *Don Quixote*, dirigidas por la célebre Sarah Caldwell para la American National Opera Company. En 1974 regresó a España y se estableció como maestro en el Ballet Nacional, para pasar más tarde a formar parte de la escuela de baile de Amor de Dios, en Madrid,[54] un lugar al que estaría profundamente ligado hasta el final de sus días.

Fue, entonces, por medio de un primo de Ciro como se estableció el contacto para que Rosa Montoya fuera a trabajar a Estados Unidos. «Nos fuimos con un contrato a Chicago para cuatro semanas. Tuvo tanto éxito que estuvimos tres meses. Luego nos llamaron para ir a Los Ángeles y luego a un montón de sitios. Así estuvimos tres años. Volvimos a Madrid agotados de tanto trabajar. Estuve seis meses descansando y a los seis meses Ciro me llamó de nuevo para ir a América, me fui con él y así llegamos hasta Nueva Orleans. Estuve viviendo en Estados Unidos cuarenta y dos años. Y pensar que creíamos que después de Chicago íbamos a volver...» Rosa cree que muchos de sus recuerdos se irán con ella, que ya está todo olvidado, pero va abriendo páginas en su memoria a medida que se desarrolla la conversación: «Teresa Torkanowsky era la que estaba allí y nos contrató. Estuvimos Ciro y yo muy bien, pero ella decidió dejar el club y entonces Ciro lo alquiló para montar su propio tablao». De la primera sede que abrió Teresa en Chartres Street, pasaron años después a otra en Saint Peter Street, a solo dos portales de Preservation Hall, del que se hicieron clientes habituales y adonde solían ir antes de las actuaciones de flamenco: «Era un cuadro maravilloso, daba gusto ver cómo tocaban, como ellos no había nadie. Eran gente con sus cincuenta años, todos negros, y eran maravillosos y estaba al lado de nuestro club —y añade—: íbamos mucho porque me encantaba el ambiente allí, que era buenísimo, era gente que sabía lo que escuchaba y estaba siempre lleno».

En la nueva etapa, el local cambió su nombre por el de Ciro's Chateau Flamenco. Corría el año 1966 y el mundo estaba patas arriba por varios frentes, especialmente desde el punto de vista de la cultura y el arte. El Chateau era un espacio generador de muchas energías, con vivienda propia y patio trasero, además del tablao para espectáculos. El centro se hizo un nombre en la agenda de la ciudad: «Nosotros teníamos el club lleno siempre, no solo de turistas, la gente del Preservation Hall a veces venía a vernos también, porque el jazz es un poco como el flamenco. El ambiente era buenísimo y la ciudad, una maravilla». Rosa reconoce su fascinación por «New Orleans» y por su experiencia de aquellos días: «Nos hemos divertido mucho, con el Mardi Gras, que era increíble y veías a la gente con sus vestidos y trajes de colores, una comida maravillosa, todo era estupendo —y completa el relato con la que solía ser su rutina después de actuar—: Salíamos a las dos de la mañana de bailar y nos íbamos a cenar y luego íbamos al Café du Monde, al lado del French Market, y recuerdo que estaba todo riquísimo. Yo luego me iba a la casa. Ciro era más de fiesta e ir con sus amigos por ahí, le gustaba más la juerga».

En esos años la ciudad era un referente de tolerancia, diversión y libertad, su nombre se asociaba a la apertura sin límites a través del reclamo The Big Easy. De alguna forma, eso fue determinante para que Nueva Orleans fuera en 1968 uno de los escenarios de rodaje de una de las grandes películas de la contracultura, *Easy Rider*, dirigida por Dennis Hopper, cuyo estreno un año después fue un bombazo que removió los cimientos de la industria cinematográfica. El éxito del filme —recaudó cerca de sesenta millones de dólares en taquilla—, en el que se consumía abiertamente todo tipo de drogas, fue brutal.[55] La pareja protagonista, el propio Hopper y Peter Fonda, trasladaba dinero del trapicheo con droga en los depósitos de sus motos desde Los Ángeles hasta Nueva Orleans, a la que llegan en pleno Mardi Gras. Su experiencia en la ciudad está marcada por un paseo durante el carnaval por el barrio francés hasta llegar al cementerio, en un viaje de LSD que finaliza con los protagonistas abrazados a una estatua sobre la tumba de la Sociedad Italiana de Beneficencia. En la plantilla de actores figuran también Jack Nicholson, Karen Black o el productor musical Phil Spector, que interpreta a un comprador de cocaína. Era la época del Black Power, las protestas contra la guerra de Vietnam y Woodstock, con Lyndon B. Johnson de presidente. La película se interpretó como un grito antiautoritario en clave generacional y su banda sonora incluye, entre otros, a The Jimi Hendrix Experience y The Byrds. «Mientras filmábamos la película, podíamos sentir que el país entero estaba en llamas. Los negros, los *hippies*, los estudiantes…», señaló Hopper.[56]

El rodaje en la ciudad lo recuerda bien Cindy Badinger, a pesar de que se grabó sin pedir permisos y con el mínimo equipo técnico para que los actores se movieran por las calles sin ser reconocidos. Ella convivió con Hopper, Nicholson y Fonda en la galería de su madre, en Royal Street, en el French Quarter, que tenía un bonito patio donde se pasaba las horas pintando: «Peter Fonda vino a Nueva Orleans y se instaló en el edificio justo al lado de la galería de mi madre. No eran famosos en esos momentos y mi madre se hizo amiga de ellos. Llegaron con un camión y dijeron que iban a hacer una película. Venían cada día al patio de mi madre Nicholson, Hooper y Fonda. La escena del Mardi Gras ocurre justo enfrente de la galería. Era una época en que los gais tenían mucha presencia en el barrio, y Peter Fonda contrató a varios de ellos, conocidos de mi madre, para salir en la película».[57] Cindy Badinger lo cuenta absolutamente emocionada: ella es una orgullosa vecina del French Quarter que presume de una familia de múltiples orígenes europeos. Su padre era un estricto católico y su madre, pintora y galerista, una enamorada del arte y la cultura. Con tres hermanos varones, Cindy era la única hija. Ella fue la primera alumna de las clases de flamenco que impartió Rosa Montoya en el Ciro's Chateau Flamenco: «Me siento tan afortunada de haberme encontrado con ella... Me cambió la vida».

Para Cindy Badinger, aquella fue la etapa más feliz de su infancia. Un detalle que no es menor si tenemos en cuenta que su vida en el French Quarter fue una sucesión de acontecimientos alucinantes que cuenta de manera atropellada y entre constantes ataques de risa: «Mi madre tenía un amigo a quien conocíamos en mi casa como T. W. Venía cada pocos meses y se sentaba en el patio a escuchar las historias de Nueva Orleans que contaba ella mientras pintaba en el patio de su galería. Un día, un amigo de mi madre le dijo: "¿Sabes quién es ese señor?", y mi madre respondió: "Claro, es mi amigo T. W.", y él dijo: "¡Es Tennessee Williams, el famoso escritor!". ¡Y no teníamos ni idea! Para nosotras era solo T. W. —suelta con una sonora carcajada para a continuación añadir—: En Nueva Orleans a toda esta gente famosa la vemos y no la molestamos, es la forma que tenemos aquí de relacionarnos, que cada uno viva su vida». El French Quarter que describe a través de historias cruzadas era una comunidad formada por familias de rancio abolengo con origen europeo, principalmente francés e italiano, artistas multidisciplinares, locales con nombre propio, músicos de oído fino y una importante comunidad gay que levantaba abiertamente la bandera de la diversidad. «Cuando yo era pequeña, vino mucha gente de Francia a vivir aquí, había muchos pintores y artistas. Cuando Rosa y Ciro abrieron el club, enseguida los conocimos, éramos un barrio muy pequeño, todos éramos amigos. El Chateau Flamenco estaba en la misma calle que mi casa. Mi madre los conoció inmediatamente, porque nosotros íbamos todo el tiempo al Café Banquette, donde también iban ellos y muchos artistas.» En su relato de personas que llegaron hasta la galería de su madre también aparecen Greta Garbo y otras referencias ilustres de Hollywood, pero para ella lo mejor —reitera casi en éxtasis— fue convivir con el Chateau Flamenco y ser alumna de Rosa Montoya.

El encuentro con Cindy es producto de la casualidad: el sonido de unas castañuelas procedente del interior de la galería de arte de su madre en Royal Street, cuya gestión ella heredó, está en el origen de la historia sobre el Chateau Flamenco de este libro. A partir de esa conexión fortuita, el relato se construyó tirando del hilo. Las castañuelas se las regaló Rosa Montoya. La galería es la más antigua que queda en la ciudad, abrió en 1976 y el encuentro tiene algo de *realismo mágico*: Cindy Badinger, además de mostrar su habilidad con las castañuelas en un ejercicio que dice realizar casi a diario, también se marca una escobilla de alegrías que le enseñó Rosa Montoya. A ella de pequeña le fascinaba el baile clásico y su padre le «permitió» visitar el tablao de sus vecinos. El enamoramiento por la danza española fue inmediato —cuenta—, y la relación entre Rosa Montoya y Cindy fructificó desde el primer día: «Rosa estaba muy pendiente de mí. Todo lo que aprendí de ella fue increíble. Me decía que, cuando ella bailaba de pequeña, lo hacía descalza, sin castañuelas, solo con los dedos, y que mucho de lo que sabía se lo enseñó su madre». Esa relación entre la joven vecina que fue la primera alumna de Rosa Montoya y su maestra fue alimentándose con el tiempo: «A veces yo cuidaba de su bebé en el piso de arriba del Chateau mientras ella bailaba. Había muchísima gente cuando Rosa y Ciro bailaban, yo miraba desde el balcón y la gente se quedaba anonadada cuando bailaban, se llenaba, la calle se quedaba mirándolos, embobada con el cante y el baile. Eran increíbles, verlos bailar juntos era una belleza auténtica, realmente tenían magia». A Cindy se le ilumina la cara cuando habla de su relación con Rosa Montoya: «Siempre me traía cosas preciosas, un chal, un abanico... Tengo el vinilo que grabaron firmado por ellos, con una dedicatoria preciosa: "Querida, cada vez que pienso en Nueva Orleans, pienso en ti, porque tú eres Nueva Orleans. Gracias por estar siempre conmigo, el mundo sería mucho mejor con gente como tú. Te quiero, besos de Rosa y Ciro"».

Ciro y Rosa grabaron un disco con el título de *El Formidable Ciro with his Internationally Acclaimed Gypsy Dancers at Chateau Flamenco*. La producción corrió a cargo del mítico Cosimo Matassa, por cuyos estudios pasaron grandes referencias de la música, como Little Richard, Fats Domino, Professor Longhair o Dr. John, y la portada está ocupada por Ciro alzando sus brazos de manera majestuosa en un poderoso contraste de blanco y negro. Rosa Montoya recuerda que el disco se grabó en una sola sesión dentro del propio Chateau Flamenco, con Ciro y ella al baile, y con Ciro también al cante, acompañados a la guitarra por Antonio de Madrid y Juan Nadas y también por Luisa Escobar al baile, pero no recuerda mucho más: «Tenía alguna copia de ese disco, pero la regalé. Tengo muchísimas cosas, muchas con Ciro, pero para qué guardarlas. Fue una etapa estupenda en *New Orleans*». El disco suena a tablao en directo, con un ambiente de bullicio y poderío de palmas y taconeo en el que el baile se intuye con fuerza.

El Chateau Flamenco cerró definitivamente, tras sus dos etapas en distintas localizaciones del French Quarter, en 1974. Cindy, que ahora tiene algo más de sesenta años, recuerda: «Fue un tesoro que Rosa y Ciro existieran en mi vida, porque eso me dio tantísima cultura y me permitió que entrase en el mundo del arte. Cuando se fueron, ya no hubo flamenco —y vuelve a iluminársele la cara al hablar de Rosa, a la que profesa un respeto reverencial—: Cuando, años después, fui a verla a San Francisco, estaba tan orgullosa de mí..., y ella tuvo muchísimos estudiantes, pero yo fui su primera alumna —y, sobre el papel que ha tenido flamenco en su vida, añade—: Esta danza es tan bella, esta cultura es tan bella... Nosotros tenemos un legado español en nuestra propia familia, de la época de 1900, así que para nosotras también era algo muy importante. Mi madre estaba muy orgullosa de que aprendiera flamenco, todo tiene que ver con el arte, con disfrutar de la vida, hemos crecido con este tipo de cultura». Por su parte, Rosa Montoya habla del Chateau como de una familia: «Teníamos un fotógrafo de allí, Siso, creo que se llamaba, venía algún guitarrista, como Antonio de Madrid, pero tuvimos varios que pasaron por el local, porque entonces había muchos gitanos que tocaban la guitarra que andaban por Estados Unidos, y tuvimos también a un guitarrista flamenco que había nacido en *New Orleans*. Lo pasamos muy bien, pero que muy bien». Cindy se acelera al contar el método de enseñanza: «Después del colegio, iba a las clases, estaba todo el día allí. Rosa era muy disciplinada y estricta, era nuestro trabajo y yo me lo tomaba en serio porque quería ser buena. Aprendí muy bien de Rosa, el método era muy repetitivo, mucho trabajo de pies, y trabajaba mucho los brazos, y así, practicando años y años antes de que realmente me dejara subir a un escenario, y luego las castañuelas, al principio no, porque era muy niña».

En 1971 Rosa tuvo su primer hijo y abandonó un año el Ciro's Chateau Flamenco para instalarse en San Francisco con su marido. Al principio, a Rosa Montoya le cuesta recordar las fechas exactas y a la gente que circuló por su vida en aquellos años: «Hemos tenido tanta gente a nuestro alrededor que se me olvidan los nombres. Lo que yo sí sé es que los padrinos de mi hijo, él era asiático y ella americana, tenían dos hijos, pero perdí el contacto con ellos hace tiempo». Como en toda la conversación con Rosa, la memoria se va abriendo, según narra su historia, hasta llegar a Cindy: «Sí, la recuerdo, era una niña guapísima, empecé las clases cuando ella tenía seis o siete años. La madre era pintora. Las conocí perfectamente, además, años después de todo aquello, la vi en San Francisco, donde vino a ver mi espectáculo». Rosa regresó de nuevo a Nueva Orleans un año después del nacimiento de su hijo Carlos: «Ciro me volvió a llamar y me fui con él. Le dije que llevaba un año sin bailar, pero insistió. El primer baile creí que me moría. Regresé hasta el año 1974, creo. Luego Ciro me dijo de ir de gira por Australia, pero ahí le dejé. Tenía un marido y un hijo y quería disfrutar de ellos, no seguir viajando. Volví a San Francisco y creé mi propia escuela. Me dio mucha pena, pero tenía que dejarlo». Después de aquella gira de Ciro, de catorce años juntos, el bailaor regresó a Madrid y Rosa se instaló en San Francisco: «Hice mi escuela, he estado en la universidad, me han dado muchos premios, he hecho muchos espectáculos increíbles, cantidad de *shows*… He hecho… ¡Madre mía, la cantidad de coreografías que he hecho! Tengo un montón de vídeos guardados de aquellas actuaciones, muchos con Ciro. Estuve cincuenta o sesenta años dando vueltas, hice *Carmen* o *La traviata* un montón de veces, he actuado en óperas y todo tipo de escenarios…, hasta que me lesioné y ahí lo dejé». La vida luego le dio varios golpes: «Tengo setenta y cinco años, no soy joven. Mi marido hace treinta años que murió y mi hijo hace veinte, el chico tenía una enfermedad muy grave… Cuando murieron, volví a España para cuidar de mi madre. Ella vivía en la calle Tribulete, en Lavapiés, pero también murió, hace ocho años. He enterrado a toda mi familia, solo me queda una sobrina, pero tengo que seguir viviendo porque la vida sigue y ya está. No me quejo, he llevado una vida maravillosa».

A Rosa Montoya le cambia la voz cuando habla de Ciro:

«Era un fabuloso artista, un bailador fenomenal, un estupendo bailarín... Todo lo que te pueda decir es poco. Lo hemos pasado muy bien y hemos tenido mucho éxito. En *New Orleans* íbamos a sitios de negros, a veces comíamos ostras y cosas riquísimas y encontramos a gente maravillosa. Yo el inglés no lo dominaba, Ciro sí, pero mi problema es que mi marido, que era americano, hablaba español. Yo algo hablaba, pero casi se me ha olvidado, pero entendía, Ciro hablaba más que yo..., pero yo me he entendido bien siempre —y finaliza—: Ciro y yo tenemos una historia muy grande».

La gente que trató a Ciro Diezhandino habla de un bailaor excepcional, con una sensibilidad especial y un fuerte magnetismo personal. Sus dotes para la enseñanza del baile le encumbran como un maestro único y su marca todavía sigue viva a través de muchos artistas de renombre que aprendieron bajo su tutela. Ciro murió el 3 de febrero de 2020, con ochenta y siete años. En el obituario que publicó el periódico *El Norte de Castilla*, el periodista Luis Antonio Curiel le definió así: «Fue un hombre del mundo, de espíritu libre, que vivió con sencillez su fama, que le llevó a los mejores tablados del mundo».[58] Su hermana Pilar Diezhandino mantiene viva la memoria del bailaor, desde la admiración por la trayectoria vital del sexto de once hermanos. Ciro quería ser artista desde niño: «Él decía que quería dedicarse al teatro, al escenario, diría yo, y dentro de esto, al baile. En mi casa había una cultura del flamenco: mi padre era aficionado y un primo nuestro, con el que Ciro empezó, estaba ya teniendo estancias en Estados Unidos y era un guitarrista estupendo, Ángel Diezhandino, así que él empezó con un instinto muy fuerte hacia el arte, porque también pintaba o hacía teatro de guiñol... Era muy artista desde pequeño en todos los sentidos y se decantó por el flamenco porque un día encontró una gramola en el desván de la casa y un montón de discos de copla y de flamenco y ese arte le llenó».[59]

En un principio, la decisión de Ciro no sentó bien en la familia, pero según fueron llegando las noticias de sus éxitos el rechazo inicial varió: «La familia siguió su trayectoria con mucho orgullo una vez que se asumió que la suya era una decisión inamovible. No debió de ser fácil aceptar que dejara la carrera de Derecho y la seguridad, más en aquella época, de una formación universitaria por la incertidumbre con la que se veía su elección artística. Por eso hubo en principio rechazo familiar de nuestro padre y los hermanos mayores. En todo caso, en una entrevista que muchos años después se publica con el título "Un abogado que baila flamenco", reconoce que mis padres acabaron ayudándole "en lo del baile"», cuenta Pilar. Además de por el rechazo inicial de la familia, Ciro tuvo el mérito de empeñarse en la danza a partir de una formación tardía, lo que multiplica todavía más el valor de su empeño: «Ciro empezó tarde, con veintidós o veintitrés años, era ya *mocito*, y empezar a esa edad... Aunque había estado con los coros y danzas universitarios, habían ido a Cuba, y toda la danza española los conocía, pero no sabía de baile flamenco y empezó con esa fuerza que superó a todo lo imaginable con entrega y devoción». Para Pilar Diezhandino, aquella determinación por la superación constante era algo muy íntimo de su hermano, surgía como un grito de permanente reivindicación que le motivaba para superarse, pero —apunta— siempre desde el compromiso ético con el arte: «Incluso cuando él viene a Madrid, sabe que para cualquier tipo de baile tiene que tener conocimiento del baile clásico, y él buscó tener ese conocimiento, se preparó a conciencia. Siempre con ese punto de humildad de decir "No es suficiente", y eso le lleva a más. Así fue toda su vida».

La voz suave, de tono amable, acompaña el relato sereno de Pilar en una larga conversación por teléfono: «A Rosa Montoya, Ciro la conoce en una escuela de baile de Madrid». Será precisamente el primo de Ciro quien les comente que tiene posibilidades de un contrato interesante en Chicago: «Y así se estableció una lealtad como compañeros desde el primer día». Cuenta su hermana que Ciro se enamoró de Nueva Orleans y que tuvo presente esa ciudad toda su vida, la consideró su «segunda casa», y explica la secuencia de lo que allí vivieron: «Él llegó a Nueva Orleans con un contrato que le hizo Teresa por tres meses en su tablao flamenco, era el año 1966 y ya Ciro tenía mucho éxito. Les encantó la ciudad, y ese barrio maravilloso del que siempre hablaban, además les gustaba el clima, la comida…, todo. A Ciro, al ver que igual iba a cerrar, le entró una chispa y pensó: "¿Por qué no quedarme con el tablao?", y un abogado le ayudó con todo el trámite para alquilar el local y montar el Ciro's Chateau Flamenco. Era un reto, porque tenía que empezar a ser empresario, programador y esas cosas, y fue un reto importante para él». Pilar cuenta que su hermano puso muchísima ilusión en el proyecto, quería que aquel lugar fuera una referencia: «El Chateu Flamenco no fue el principio, pero fue una aportación vital en la vida del flamenco en Estados Unidos».[60]

En todo el proceso que tuvo que ver con el éxito de Ciro en Estados Unidos hay un personaje fundamental: Sol Hurok. Empresario, promotor y mánager de infinidad de solistas, Hurok destacó como organizador de grandes giras y eventos por todo el país. Su nombre alcanzó categoría de leyenda porque llevó de gira al *ballet* Bolshoi de Moscú cuando la Guerra Fría estaba en los picos de tensión más altos, tras décadas de negociaciones con las autoridades soviéticas y estadounidenses. El lema «S. Hurok Presents» era una garantía de calidad en los letreros de las marquesinas que proyectaban la actuación de un artista, un grupo de *ballet*, una compañía de ópera, un conjunto folclórico, una orquesta sinfónica o una compañía de teatro que él apadrinase. Hurok, además, fue uno de los grandes difusores del flamenco en Estados Unidos y estaba fascinado por el baile de Ciro, a quien organizó numerosas galas y actuaciones. El nombre de Hurok se asociaba al de promotor de emociones, calidad y una producción excelsa. Pilar Diezhandino recuerda con agradecimiento y admiración la relación que tuvo con su hermano: «Sol Hurok llevó a Ígor Moiséyev a su espectáculo en el Chateau Flamenco y, claro, en ese entonces Moiséyev era un Dios del mundo de la ópera, del teatro, del *ballet*..., un admirador del arte en general, y le fascinó Ciro. Fue con toda su compañía a verles y para ellos fue impresionante». Moiséyev fue una figura totémica de la cultura soviética, primero como bailarín del Bolshoi y luego como organizador de eventos. Moiséyev fue nombrado Artista Nacional de la Unión Soviética, Héroe del Trabajo Socialista, recibió el Premio Lenin en varias ocasiones, además de otros muchos reconocimientos dentro y fuera de la Unión Soviética y Rusia. Fue él quién sugirió a Ciro que debía organizar su propia compañía y conquistar los escenarios de medio mundo. «Moiséyev era el más grande y admiraba el flamenco y le admiró a él como bailaor. Fue quien le animó a tener una compañía: "Tienes que montar tu propia compañía y podrás conquistar el mundo", le dijo —cuenta Pilar, y añade—: Sol Hurok estaba detrás de él, otro Dios desde el punto de vista del arte y la promoción, y juntos recorrieron el mundo.»

Fue a partir de esa visita, y de que Rosa Montoya quisiera regresar con su familia y abrir su propia escuela en San Francisco, cuando Ciro pensó en cerrar definitivamente el Chateu Flamenco de Nueva Orleans y emprender un nuevo camino. Pero nunca olvidaría su paso por la ciudad. El Chateu Flamenco tuvo para él un vínculo con experiencias muy vitales, porque Nueva Orleans es un sitio paradigmático, allí se encontró con su segunda casa, en ese ambiente que, a pesar de su tradición francesa, tenía un componente latino muy fuerte, ese bullicio, esa conjunción de culturas, esa multiculturalidad, el clima, todo, fue muy importante para él. Cada respuesta de Pilar surge de las entrañas, de la admiración por la vida, la trayectoria y el reconocimiento de su hermano: «Tuvo experiencias muy importantes, un éxito arrollador. Viendo las críticas que le hicieron, me impresiona porque a veces casi no te has dado cuenta de hasta dónde llegó, no te das cuenta por la sencillez con la que él lo contaba. Su valía y su maestría eran impresionantes». En esa trayectoria artística descomunal Pilar reitera la importancia que siempre tuvo para Ciro gestionar su propio tablao: «Le dolió mucho dejar el Chateau Flamenco, pero propició otras cosas, y eso era incompatible con la gestión de su propio espacio. Él decía que, si no estás presente en un negocio, es difícil que las cosas salgan bien, y él no podía con tantas giras. Pero en lo personal, en lo afectivo, en estos aspectos, fue doloroso, porque él lo recuerda siempre con un punto de nostalgia, y eso que él era una persona que siempre miraba al futuro». De todo ese tiempo, siempre está presente la que fue su compañera de fatigas y alegrías: «Rosa siempre estuvo con él. Tuvo también unas críticas fabulosas. Era una pareja de baile que engrandecía el escenario». Y añade que la relación entre ambos fue «de auténtica hermandad, desde el respeto, la fascinación profesional y la amistad sin fisuras hasta el último minuto de su vida».

Ciro aterrizó al poco de marcharse de Nueva Orleans en el que sería el epicentro de su maestría, el lugar desde el que se proyectó su arte para beneficio de muchas personas de todo el mundo que siguieron sus enseñanzas: la Escuela de Flamenco y Danza Española Amor de Dios, en Madrid, el centro que creó Juan María Martínez de Bourio Balanzategui. Nacido en Bilbao en 1917, la trayectoria personal de Bourio fue un camino condicionado por las circunstancias de la España de aquel tiempo y marcado por su pasión temprana por la danza, el arte y la cultura, que desarrolló especialmente en Sevilla, adonde fue a vivir con doce años, huérfano de madre. Antes de la Guerra Civil, y a través de los grupos de teatro universitarios, tuvo relación con Federico García Lorca, con quien coincidió en Melilla, donde Bourio pasaba los veranos. En 1945 se trasladó a Madrid, después de haber abandonado la carrera militar que inició para seguir la estela de su padre, fallecido ese mismo año. En 1948 ingresó en el Instituto de Investigaciones y Experiencias Cinematográficas, donde tuvo como compañeros a Juan Antonio Bardem y Luis García-Berlanga, y se encargó de gestionar un antiguo almacén en la calle Montera 24, donde empezaría a organizar su escuela de baile a partir de 1952. Desde ahí comienza a juntarse con buena parte de la escena cultural madrileña y a hacerse un nombre. En el año 1953 se convierte en el administrador de Teresa y Luisillo y de la Compañía de Baile Español creada por Teresa Romero Torkanowsky, que sería su fiel amiga durante muchos años. Juan María Martínez de Bourio fue también promotor de espectáculos, gerente del Teatro de la Zarzuela, comisario delegado del Teatro Monumental de Madrid, gerente del Ballet del Festival Internacional de Segovia, director general del Ballet Nacional Festivales de España y director gerente del Ballet Clásico Español. Pero el epicentro de su vida fue la escuela de baile que creó de la nada, primero en la calle Montera, donde también ensayó en sus comienzos el Ballet Nacional Español dirigido por Antonio Gades, luego en la calle Amor de Dios y, desde mediados de la década de 1990, tras un breve paso por la calle Fray Luis de León y una larga lucha para reivindicar un espacio, en la parte superior del mercado de Antón Martín, junto al barrio de Lavapiés.[61]

Pilar Diezhandino dice que la relación entre Bourio y Ciro fue de «admiración mutua». Cuenta su hermana que en Amor de Dios Ciro se involucró completamente en la formación: «La entrega a los alumnos fue total, no le importaba no cobrar a quien él veía que merecía la pena, lo vivía como parte del compromiso que él había adquirido con la danza —y añade—: Ciro se quejaba de que un centro como Amor de Dios, que da vida al barrio, a Madrid, al mundo, a la tradición española, no haya recibido alguna ayuda institucional —pero explica—: Ese es el destino del flamenco, que siempre ha estado en las catacumbas». Según cuenta, su hermano definió Amor de Dios como un lugar «de una sobriedad espartana en el que no había nada que no fuese necesario», con cuyo ambiente se identificó «totalmente». Fue la pasión de Juan María Martínez de Bourio la que mantuvo la escuela, hasta el punto de dejarse la vida en ella: era su mundo y se empeñó hasta las cejas por el proyecto, para el cual la incorporación de Ciro fue decisiva. Pilar lo explica así: «La escuela y el escenario eran complementarios. Ciro tuvo infinidad de contratos que le llevaron por todo el mundo, el escenario era su vida, pero llegó un punto en el que optó también por la enseñanza. Ese amor por el flamenco, esa entrega, se une a él con su búsqueda de independencia absoluta, no quiere depender de nadie, es él quien toma las decisiones y quien crea y difunde, con todas las enseñanzas que recogió en su carrera. Esa fue su vida en sus últimos años». Incluso —cuenta— cuando ya era una eminencia, propusieron a Ciro dirigir el Ballet Nacional y no quiso: «No quería depender de nadie, quería la libertad por encima de todo y optó por la escuela —y añade—: Dio tanto y ayudó tanto... La suya fue una vida de entrega al flamenco, pero lo curioso es que en sus conversaciones personales siempre terminaba saliendo Nueva Orleans».[62]

Joaquín San Juan es desde 1993 el gestor y director de la escuela Amor de Dios. En una parte destacada de los pasillos de la escuela, abarrotados por entero de recuerdos, varios carteles y recortes de prensa recuerdan a Ciro. Algunos son de su etapa por Estados Unidos y uno de ellos es la imagen de la portada del disco que grabaron en el Chateau Flamenco. San Juan es un tipo alto, con pelo canoso y porte desgarbado. Atiende en persona mientras la gente llama sin parar a la escuela para pedir información sobre los cursos y en la entrada se cruzan personas que vienen a recibir clases, a impartirlas o a preguntar horarios. La mezcla de acentos del vestíbulo indica que el espacio está habitado por múltiples procedencias geográficas. Con la llegada del coronavirus, la escuela se ha tenido que adaptar y Joaquín San Juan atiende a todas horas con espíritu de orgulloso superviviente, sin perder la alegría y el buen gesto: «Estoy aquí mañana, tarde y noche, tengo a la mitad del personal de baja y estoy durmiendo en el sofá de la entrada».[63] San Juan es el heredero de Boudio y el que mantiene intacto el legado de autenticidad y compromiso del espacio. Conoce toda la historia de Teresa, Rosa, Ciro, Boudio..., pero la suelta en píldoras, porque prefiere que el foco de la narración recaiga en otros. «Por Amor de Dios conoce más gente la lengua española en el mundo que por el Instituto Cervantes —dice con sorna, y enseguida ensalza la figura de Ciro y su papel en la escuela—: En el estudio, era un maestro, especialmente en la enseñanza del baile de mujer, él era capaz de poner a la gente muy arriba. Sus clases estaban llenas a rebosar, es uno de los más grandes maestros de toda la historia.»

San Juan guarda también buena impresión de Rosa Montoya y de Teresa Torkanowsky. Esta última visitaba a Bourio con frecuencia y se sentía unida a él por una buena amistad y por el vínculo especial que tenía con Amor de Dios, un proyecto artístico al que Teresa nunca daba la espalda cuando venía a España. Bourio falleció el 6 de abril de 2008, a los noventa y un años. «Hace mucho tiempo que Teresa no viene por aquí», señala Joaquín de San Juan. Para él, la diáspora de artistas que han viajado por el mundo extendiendo el flamenco tiene un valor incalculable: «Mientras los empresarios españoles no tenían más relación con Japón que comprar relojes en Canarias, los flamencos estaban yendo a Japón y a muchos otros destinos. Los flamencos con su *maletita* hacían un trayecto épico, algunos eran analfabetos y se movían por todo el mundo extendiendo su arte. Esos viajes con sus gracias y desgracias tienen un valor increíble». Joaquín San Juan termina con una frase que resume su filosofía y su manera de afrontar las circunstancias del día a día: «La gente del flamenco vivimos en el mejor de los mundos posibles».

Entre los recuerdos de Rosa Montoya está la última vez que vio a Teresa Romero Torkanowsky: «Hace unos años, ya aquí en Madrid, fui a ver un espectáculo y cenar en Casa Patas. Me llamó por mi nombre una señora que estaba en otra mesa. Al principio no la reconocí, los años cambian mucho a la gente, resulta que era Teresa Torkanowsky. Después de tantos años no hablamos mucho, pero nos impactó volver a encontrarnos». Rosa cree que todas estas historias ya no interesan a nadie y que, cuando muera, nadie se acordará de ella, pero antes de terminar la conversación quiere dejar clara una cosa: «El flamenco ha sido mi vida. Mi madre dice que con tres años ya empezaba a bailar y con ocho ya estaba recibiendo clases, hice hasta *ballet* con una rusa, toda mi vida ha sido la profesión entera. Para mí el baile era mi vida. Y me alegro de haberla vivido».

El legado de Teresa en Nueva Orleans no se cerró con el paso del Tablao El Flamenco a Ciro y Rosa. Tras unos años de ausencia por la separación con su marido, Teresa volvió a la ciudad en la década de 1980 y creó una pequeña escuela en una sala habilitada para clases de baile. María José Salmerón, «la Pepa», fue alumna suya: «Mi primera maestra de flamenco fue Teresa Romero Torkanowsky. Fue por medio de mi hermana Milena, a quien le gustaba mucho el baile y que me dijo: "Tú tienes que ir". Total, que así fue. Acabé en la compañía de Teresa». El relato de la Pepa tiene una mezcla de acentos, a veces recurre al *spanglish*, pero también le salen dejes de Jerez y con frecuencia suelta un «olé» mientras escucha las preguntas. Es una mujer animada y positiva que responde por llamada de WhatsApp el 16 de febrero de 2021, una semana antes del Mardi Gras, que no se pudo celebrar por las condiciones del confinamiento. Su retrato del tiempo con Teresa se desarrolla desde el respeto profundo: «La fuerza de Teresa venía de antes de que nació, tenía una fuerza interna de ella que era natural y quería trasmitirla por medio de su baile. Ella escogía quién era la alumna a la que iba a dedicar el tiempo para que pudiese tallar el arte. Era una mujer de carácter y yo le agradezco esa exigencia, porque yo era una niña y gracias a ella comprendo un poco más lo que ella me dio y quería darme». María José Salmerón no llegó a conocer el Tablao El Flamenco de Teresa o el Chateau Flamenco de Ciro y Rosa Montoya: «Cuando ella tuvo el tablao en el French Quarter, fueron los años de oro, hace de eso por lo menos cinco décadas. Luego se fue de la ciudad y estuvo dando clases en la universidad, aquello fue mucho antes de que yo la conociera. Cuando la conocí, ella daba las clases en un salón».

La pasión por el flamenco de la Pepa comenzó desde pequeña, en medio de varios viajes de ida y vuelta: «Crecí en Barcelona, hija de padres migrantes. Mi padre, Bayardo, tiene ahora ochenta años y su padre fue un gran ser humano y médico que lo mandó a estudiar Medicina a Valencia, donde aprendió a tocar la guitarra. Formó parte de un grupo musical con los estudiantes, pero él confesó que se tuvo que ir a Zaragoza para escapar de las juergas y la música, porque dice que lo querían convencer de que se hiciera músico. Luego se fue a Barcelona, cuando se casó con mi madre, Fatma, que vivió en Jerusalén porque su padre, mi abuelo Hussein Daoud Salomon, era palestino, para terminar su especialidad en oftalmología en la Clínica Barraquer. Fue allí donde nacieron mis otros tres hermanos. Y es en Barcelona, desde niña, donde tuve esa experiencia de lo que es el flamenco. En los *ochentas* es cuando ya nos afincamos aquí, en Nueva Orleans. Mi padre es nicaragüense y mi madre es mitad nicaragüense y mitad árabe. Acabamos en Nueva Orleans por muchas razones, algunas políticas». Su relato continúa de forma fluida, desde la cordialidad y el placer de la conversación en tiempos de confinamientos, donde las llamadas de teléfono han recobrado valor: «Antes del Katrina me fui a Los Ángeles, luego a Nueva York, y regresé en 2008. Volví a a contactar con Teresa, y ella me dijo "Ay, María José, ¿por qué no abres tú una academia?, ¿por qué no comienzas a dar clases?"». En ese punto de la conversación, respira con cierta emoción contenida antes de seguir: «Pasaron unos años y al final, en 2012, me decidí a establecer una peña flamenca y fue una idea orgánica, quiero decir con eso: mi cultura, mi comunidad es Nueva Orleans. Y yo formo parte de una cultura».

Además de la Peña Flamenca La Pepa, María José Salmerón

creó su propio club: Mamacita Aid Social Club. En su página web se definen así: «Mamacita Social Aid Pleasure Club, y su sede, Peña La Pepa de Nueva Orleans, es una fundación sin ánimo de lucro dedicada a la investigación, historia, presentación y educación del arte español y sus raíces en Nueva Orleans. La misión de la fundación es integrar en la cultura de Nueva Orleans una apreciación y continuidad del arte del flamenco a través de la programación de actuaciones y educación de artistas flamencos de alta calidad».[64] El nombre de Mamacita viene de que María José forma parte de uno de los clubes históricos de la ciudad: The Prince of Wales Social Aid and Pleasure Club, con una trayectoria de cien años, donde toca el *cowbell** por detrás de la *brass band*. En el club a ella la conocen como Mamacita: «Pertenezco a la sección de las mujeres del club, que tiene más de cien años de existencia, las Lady Wales. Y allí me llaman Mamacita, que es muy divertido». Así que, además de crear la propia sede de la Peña La Pepa, hicieron su propio club para organizar una *secondline* con toque flamenco: «Hay un matrimonio natural entre lo que es sentir la música de Nueva Orleans y el flamenco, hay una cultura negra africana, que desembarcó también desde Cuba en Nueva Orleans. Y esto se desarrolló como cultura musical cuando España estuvo aquí, ¿entiendes?». Para María José, esta etapa española fue fundamental en la construcción de la personalidad musical de la ciudad.

En ese sentido, está muy orgullosa de haber creado la Peña Flamenca y tener un espacio propio en la ciudad, como en su día fue el Chateau Flamenco: «Había que darle un lugar al flamenco como la Peña y Mamacita, que comulgan para preservar una continuidad, para que sea continua la presencia aquí. En la Peña hacemos muchos espectáculos, han venido muchos maestros de Jerez y de Sevilla. Somos una peña *one on one*, se trata de tener un espacio donde el público pueda no solo rela-

---

*Cencerro

cionarse con el artista, sino con el sentimiento de comunidad. Y aquí en Nueva Orleans esta conexión es algo que pasa inconscientemente, ese sentimiento está ahí, y yo veo que Mamacita Social Club y la cultura de la ciudad somos la misma gente». Su satisfacción por el trabajo que realizan es absoluta: «Teresa fue la que me animó, y con toda la familia y amigos que tengo en Jerez surgió la idea y pensé: "Esto es lo natural" —y prosigue, satisfecha—: Nuestro público tiene todo tipo de *backgrounds*, de orígenes raciales, además vienen maestros, músicos..., hay gente de todo tipo, lo que la atrae es esa unión. No vas a ver algo así en ningún lugar de Estados Unidos. Y ese ambiente tan mezclado es porque a Nueva Orleans la dejaron ser como es, antes de que los americanos tomaran posesión, con eso te digo todo. Lo único que tienes que hacer es ir a una *secondline* cuando uno de los clubes sociales sale en cualquier domingo, un *coming out* con su *brass band*, y mirar cómo se mueven, su mirada, su aire y su poderío, y la manera en que se expresa e interpreta el movimiento del ritmo: es como que estas viendo a un flamenco rematar un cante por tangos o por bulerías», y añade, para reforzar la declaración, un sonoro «olé».

La entrevista con María José Salmerón, «la Pepa», se realiza pocos días después del asalto al Capitolio en Washington, tras las turbulencias provocadas por la derrota de Donald Trump en las elecciones presidenciales de noviembre de 2020. No tiene problemas en dar su opinión: «El país está totalmente dividido, él creó mucha separación y mucha destrucción que yo no sé si se va a poder reconstruir, en el sentido de que sigamos adelante y olvidemos todas las atrocidades que se han cometido. No es algo de ahora. Aquí el racismo existe y está muy pronunciado, es como el que dice "Vamos a acabar con la pobreza". Estamos rodeados de políticos que no tienen humanidad. Lo que ha pasado con Trump ha sido algo espantoso, ha creado mucho odio, mucho resentimiento, y espero que estos cuatro años que vienen podamos vivir un poquito en paz y que la *vaca de oro* del loco de Trump no esté por ahí, porque *he is a big problem*, es el niño con el que nadie quiere jugar y que no quiere dejar la pelota a nadie».

La conversación vuelve al flamenco y al momento actual de la ciudad, donde las salas de música en vivo han tenido que cerrar y el sector de la música vive una situación de angustia en el contexto de la COVID-19. A pesar de todo, la Pepa mantiene un moderado optimismo: «Como todo el mundo, estamos pasando un poquito de fatiga, pero qué vamos a hacer, lo vamos a pasar». Cuenta que antes de la pandemia pudo desfilar con The Prince of Wales en el Mardi Gras e hicieron la primera *secondline* del Mamacita Aid Social Club y que ahora, como no se pueden hacer *secondlines*, la ciudad no parece la misma: «Todo esto que está pasando es muy triste. Hemos perdido mucho, nosotros vivimos de la música, es una cosa natural, y ya no se puede hacer, es como estar en un cuarto oscuro sin luz». Pero, con todo, lo que más le duele es no poder salir a la calle a desfilar: «En la *secondline* te sacas el demonio de dentro, es una forma de respirar, de curar las penas. Imagínate, yo todos los domingos voy con mi gente. Este lugar es muy recibidor y muy tolerante, porque somos la misma gente, con distintos padres y madres, pero venimos todos del mismo lugar. Yo, por ejemplo, tengo sangre árabe, latina y un siete por ciento de sangre senegalesa, y eso es lo bueno, y aquí eso está en el ambiente».

Antes de terminar, vuelve a recordar a Teresa Romero Torkanowsky y la importancia de mantener el legado que ella comenzó. «Teresa debe estar contenta, hice lo que ella quería», afirma satisfecha. Para María José Salmerón, seguir esa trayectoria y esa presencia flamenca que parecía perdida es motivo de orgullo porque mantiene vivo un relato que considera indispensable: «Lo que viene natural es lo que queda y, cuando yo me vaya, que sea otra persona la que siga con la Peña Flamenca de Nueva Orleans». Por lo pronto, quiere poner a buen recaudo materiales que le dejó Teresa, de la que no sabe nada desde hace unos años, y guardarlos en Jerez, donde tiene muchas amistades, adonde viaja con regularidad y donde cree que debe estar el archivo de la música flamenca. «Teresa me dejó materiales y escritos que me encantaría llevar a Jerez.» Y termina la animada conversación con una reflexión que dice que se plantea con frecuencia: «Yo en Nueva Orleans me siento como si estuviera en Jerez, en esa manera de ser, de vivir cada día. Incluso —ríe mientras lo cuenta— he pasado noches dando vueltas en la cama pensando "¿Pero es que nadie lo ve?"».

Tras varias semanas intentando establecer contacto, el 27 de febrero de 2021, David Torkanowsky, el hijo de Teresa Romero Torkanowsy, me envió una carta para avisarme de la muerte de su madre: «Lamentablemente, tengo que comunicaros que Teresa ha fallecido en paz esta mañana. Tendremos un encuentro en su memoria en unas semanas. Siento que no hayas tenido la oportunidad de hablar con ella. Tal vez haya un dato o dos con los que pueda ayudarte». Tras las condolencias y el agradecimiento por sus palabras, en un nuevo intercambio de correos le planteo si quiere contar lo que significó el flamenco para Teresa Romero Torkanowsky: «Vivía y respiraba flamenco. Emulaba la pasión y el duende de su mentora, Carmen Amaya —dice, y añade una anécdota que le contó su madre y que quiere dejar para el recuerdo—: En el bautizo de mi hermana, María, en la Catedral de Notre Dame de París, Carmen y otras bailaoras de la compañía acompañaron a Teresa y María a la ceremonia. Cuando se encontraban de pie, en torno a la urna bautismal, el sacerdote se dirigió a Carmen y le pidió, en un español entrecortado, que tradujera al español su discurso en francés. Carmen Amaya aceptó, sin advertir que no hablaba ni pizca de francés. Cuando el cura empezó a hablar, sus palabras en español fueron algo así como "Solo muevo la boca cuando él me lo dice... No tengo ni idea de lo que dice este cabrón...". Toda la gente presente comenzó a partirse de risa, se tiraban por los suelos con el comentario. El cura echó indignado a esa banda de gitanos impíos».

Teresa Romero Torkanowsky, Ciro Diezhandino, Rosa Montoya, Cindy Badinger y ahora María José Salmerón, «la Pepa», pusieron en conexión la música de Nueva Orleans y el flamenco. En una conversación al principio de la pandemia, en los momentos de mayor alarma social y confinamiento total en Madrid, hablé con el poeta y escritor andaluz José Manuel Caballero Bonald, referencia de una lectura en clave social de la importancia y la magnitud del flamenco. Bonald, además, fue un precursor de la reivindicación del flamenco como música popular apegada a la transformación social, y produjo numerosos discos y reflexiones que caminan en ese sentido durante la década de 1970 y principios de 1980. Hace unos años, en una entrevista en televisión, Caballero Bonald afirmaba que «el flamenco y el jazz son músicas que a través del ritmo sacan la intimidad y las zonas oscuras de nuestra historia, que no se pueden contar de otra manera».[65] Una conexión que para él tiene que ver con orígenes comunes: «El flamenco no era un arte popular muy admitido por la sociedad al principio. Se veía como cantes de taberna, de prostíbulo, muy parecidos en su nacimiento al jazz de Nueva Orleans. Además, en el caso del flamenco, hay un misterio de por qué habían cristalizado en Andalucía tantas insignes influencias de Oriente: la persa, la judía, la árabe…». De esta manera, según Caballero Bonald, Nueva Orleans podría compartir una expresión común en origen, la mezcla de la diversidad desde lo popular.

José Manuel Caballero Bonald, con noventa y cuatro años, recurre a una frase que, dice, le emociona para explicar la grandeza de ese arte que para él pertenece al pueblo: «En tan humilde cuna, nació la solemnidad del flamenco».[66] Lo cierto es que son muchas las relaciones sanguíneas entre las trayectorias musicales que germinaron en The Crescent City y que también atravesaron Andalucía. El continente africano fue un proyector de sonidos, expresiones y danzas que cristalizaron en polos geográficos lejanos, pero unidos por un sentido común. Una capacidad de mezcla que también es una esperanza para tiempos presentes y futuros, en opinión del poeta, mucho más aún en las circunstancias que habitamos, cuando parece que el planeta camina hacia una suerte de conflictos víricos. Un asunto que para José Manuel Caballero Bonald se resolverá de alguna manera en beneficio de la humanidad si las sociedades van acompañadas de sonidos que apelan a la liberación. José Manuel Caballero Bonald, con voz débil, pero entusiasmado por ese encuentro que siempre ha defendido entre su Jerez natal y Nueva Orleans, deja una frase premonitoria antes de finalizar la conversación: «El paso de la pandemia dejará música».

Esa es una afirmación que pone en valor el conjunto de historias y trayectorias humanas que acarrea la *maleta* flamenca, que en todo el mundo representa un legado crucial como difusor del arte, además de un reconocimiento de refugios imperecederos de la memoria cultural de las sociedades, como fue el Chateau Flamenco de Nueva Orleans.

CAPÍTULO 6
Frío

Cerca de tres mil voluntarios estadounidenses llegaron a España para defender la república tras el alzamiento militar del 18 de julio de 1936. Entre el contingente estaba el poeta y novelista James Neugass, nacido en Nueva Orleans en 1905 y proveniente de una familia judía acomodada de origen alemán. Su abuelo fue fundador de la bolsa y de la elitista Isidore Newman School de la ciudad. Neugass estudió en las universidades de Yale, Oxford y Harvard, trabajó como periodista desde Europa para diversos medios y recorrió el continente informando a finales de la década de 1920 y principios de 1930. En octubre de 1937 decidió venir a España a través de la Agencia Médica Americana y durante la contienda se empleó como conductor de ambulancias y chófer del doctor Edward K. Barsky, que dirigió un hospital quirúrgico para emergencias en el frente. Estuvo cinco meses, sorteó la muerte en varias ocasiones y observó todo lo que ocurría a su alrededor con los ojos de quien ama la vida por encima de todo.

James Neugass escribió un diario donde apuntaba miedos y esperanzas en medio de las bombas y el desgarro cotidiano más visceral. En sus notas también cuenta las historias de la gente que se cruza en el camino, de la población que vive la angustia de la muerte sobrevolando los paisajes, de sus encuentros con otros brigadistas internacionales —se calcula que hubo alrededor de treinta y cinco mil, procedentes de unos cincuenta países distintos— y de las dificultades de organización del frente, donde había un anhelo de liberación que en ocasiones entraba en conflicto con la organización militar encaminada a la victoria: fue un observador comprometido en la lucha contra el fascismo, consciente de que la guerra en España era solo la antesala de un combate que se extendería por todo el mundo. El aliento a muerte y destrucción de Franco era el aviso anticipado de las luchas que vendrían después. Un tercio de los componentes del Batallón Lincoln —el nombre bajo el cual se agrupaba el escuadrón estadounidense dentro de la xv Brigada Internacional— era de origen judío y alrededor de un centenar, afroamericanos. James Neugass se unió a la causa sin formar parte de ninguna organización política, su impulso tenía que ver con unos ideales de libertad y democracia que estaban amenazados: «Esta guerra es la lucha internacional del campesino pobre, del pequeño comerciante liberal, de los curas pobres, de los parados y de los obreros industriales contra las charreteras, mitras y plumas de oro».[67]

La mayor parte del tiempo Neugass estuvo instalado en Villa Paz, un caserón expropiado para la construcción de un hospital de campaña en el pueblo de Saelices, a poco más de cien kilómetros de Madrid, cerca del frente del Jarama. Y desde allí recorrió kilómetros y kilómetros de carreteras destrozadas al volante de una ambulancia, con las hieles de la realidad pegadas siempre al cogote. En sus notas hay desgarro, alegrías y contradicciones personales. En uno de sus pasajes cuenta sus sensaciones la primera vez que durmió con un compañero afroamericano, el doctor Arnold Donowa, dentista y comisario político de su unidad médica: «Es la primera vez que he compartido habitación con un negro, y más aún una cama. Mi abuelo había tenido esclavos. Dos de mis antepasados lucharon con los confederados. Cuando estaba en la habitación con D., los ojos de tres generaciones de banqueros privados de Nueva Orleans y de sus mujeres estaban puestos sobre mí». Y añade: «Él lo notó, pero no hizo ningún comentario. Ambos sabíamos que yo tenía la oportunidad de acabar para siempre con cien años de prejuicios. Y eso fue lo que hice».[68]

Para Sebastiaan Faber, profesor de Hispanic Studies en el Oberlin College de Ohio, presidente de The Abraham Lincoln Brigade Archives y coeditor de la revista *The Volunteer*, «que hubiera un contingente de soldados afroamericanos en el Batallón Abraham Lincoln no era casual. En los ambientes de izquierda de Nueva York a partir de 1920 hay una presencia importante de afroamericanos, así como de españoles emigrados y ciudadanos negros de origen cubano, puertorriqueño y dominicano».[69] Esa integración también tuvo un elemento de propaganda: «Había interés en extender esa imagen de integración. Los brigadistas estadounidenses estaban muy concienciados de que en España estaban luchando también contra el Jim Crow.* Asombra la visión tan coherente que tenían de esa relación». La reivindicación de su presencia no finalizó con el regreso a su país de origen después del conflicto. «Durante la caza de brujas del macartismo contra los comunistas, en la década de 1950, hay testimonios de afroamericanos que son llamados a declarar ante el Comité de Actividades Antiamericanas del Congreso y dicen claramente que estuvieron en la Guerra Civil española para luchar contra las injusticias que también había en Estados Unidos», apunta Faber.

Uno de estos brigadistas afroamericanos fue James Yates, que nació en 1907 en Quitman, Misisipi. Con dieciséis años emigró a Chicago y dejó atrás a su familia. Un trayecto habitual de las zonas rurales a la costa este del país, obrera e industrializada, para una emigración negra masiva que buscaba trabajo y algo más de aire, en un tiempo de linchamientos y violencia sistémica permanente contra la población afroamericana del sur.[70] Yates había visto palizas y asesinatos por parte del Ku Klux Klan en su pueblo natal y cómo los crímenes del Klan tenían total impunidad. Al igual que Neugass en España, Yates estuvo

---

*Las leyes Jim Crow eran el soporte jurídico de las políticas segregacionistas y racistas en Estados Unidos.

destinado como conductor de ambulancia, trasladando heridos y cadáveres desde el frente de batalla. La experiencia en España y cómo llegó hasta la Guerra Civil la narraría en el libro *De Misisipi a Madrid. Memorias de un afroamericano de la Brigada Lincoln*, publicado por primera vez en 1989.

El libro de Yates está salpicado de referencias musicales. Su trayecto del sur hasta Chicago tiene una conexión con las canciones de *blues* de la época. La ruta cargada de asperezas de la que se hablaba en ellas era para muchas personas la única escapatoria de la arbitrariedad racista, la pobreza y la pesada carga de la esclavitud: la lógica social y económica que, a pesar de todo, seguía imperando en el país. En un pasaje, Yates menciona esas referencias sonoras del camino: «El *blues* empezaba a ser conocido gracias al gran Louis Armstrong y su trompeta con temas como "I Got the St. Louis Blues"».[71] Y más adelante añade: «Bessie Smith cantaba "I'm Going to Chicago, I got the Crazy Blues"». Para él, esos músicos representaban el palpitar de la música negra, describían por medio de sonidos y voces los sentimientos y el alma de un pueblo. Yates estaba fascinado por el desgarro y la profundidad de la voz de Bessie Smith. La Emperatriz del Blues nació en Tennessee en 1894 y murió en Misisipi en 1937. La forma en que falleció, tras un accidente de circulación, impactó a Yates. Según algunas versiones, Smith recorrió varios hospitales que le negaron la entrada por ser afroamericana, antes de localizar uno para la población negra donde fue atendida, pero ya era tarde.[72]

En ese clima de asfixia en la atmósfera de Estados Unidos, James Yates llegó a España sin mucha idea de qué iba a encontrar. Su implicación política había adquirido una lógica internacionalista a partir de la invasión italiana de Etiopía en 1935, contra la que se había manifestado en las calles de Nueva York, denunciando el colonialismo y la política fascista de Benito Mussolini. La filiación política de Yates estaba ligada al Partido Comunista de Estados Unidos, el gran catalizador de la solidaridad internacionalista y la ayuda económica y humana hacia la república española. Yates se unió a los voluntarios cuando vivía en Nueva York, donde compaginaba trabajos precarios con una fuerte implicación militante. Allí conoció a Oliver Law, un activista afroamericano que estuvo ocho años en el Ejército, donde había vivido la segregación, que le negaba la posibilidad de ascenso desde el escalafón más bajo de la estructura militar. Law era famoso entre los activistas de la costa este, había sufrido persecución y cárcel. Yates le conoció cuando Law consiguió detener un desahucio de un amigo en Nueva York. En España, Oliver Law fue comandante del Batallón Lincoln, compuesto mayoritariamente por hombres blancos; sería el primer afroamericano de la historia militar estadounidense al mando de una unidad mixta.

James Yates y James Neugass se cruzaron en los caminos de un terreno arruinado por las bombas y la lucha sin piedad. En ese trayecto de ida y vuelta constante con sangre en los asientos, cuerpos reventados, falta de sueño, rugir de tripas y atención al volante, Yates se enteró de la muerte de Oliver Law: «Viajé de madrugada al frente. A menudo, me cruzaba con el mismo conductor de ambulancia y siempre nos saludábamos. Esa mañana me pidió que me detuviera».[73] Desde el otro lado de la carretera su compañero le anunció la muerte de Oliver Law. El cargamento de Yates eran tres voluntarios alemanes heridos y un ataúd ocupado por un cadáver cubierto por una bandera negra. «Oliver Law fue enterrado en el frente. En el cerro del Mosquito, con su tumba señalada tan solo con un palo que sujetaba su casco. En él escribieron su nombre y la edad, treinta y cuatro años. Steve Nelson, que había asumido la comandancia de la Brigada, compuso el epitafio de Oliver: "Algún día la clase obrera de América agradecerá como corresponde el papel de este valiente comunista negro en la batalla por la libertad".»[74]

En la Guerra Civil española murieron alrededor de ochocientos antifascistas estadounidenses. James Neugass no fue el único brigadista originario de Nueva Orleans, el archivo del

Batallón Lincoln tiene registrada la presencia de otros ocho. Cuatro de ellos murieron en el frente. La vida de cada brigadista y cómo llegaron hasta España es propia de las ilusiones y esperanzas de una época. En su mayoría eran jóvenes obreros e intelectuales progresistas que creyeron en un ideal universal de liberación del género humano y llegaron hasta una tierra que los acogió y enganchó para siempre. En muchas de sus historias la música fue una compañía o un lugar desde el que mirar el mundo. Neugass pensó en el jazz durante una noche de fiesta en medio de un alto el fuego que vislumbró como mágico y también apreció el flamenco desde la sorpresa de que las penas se cantasen como alegrías. Por su parte, James Yates acompañó buena parte de sus trayectos pensando en la música de Bessie Smith o Louis Armstrong. Cada uno desde sus particulares orígenes, Neugass y Yates encontraron en la fraternidad con voluntarios franceses, italianos, suecos, checos, alemanes, chinos o cubanos un horizonte por encima de las injusticias sociales en el contexto de la mayor de las miserias: la guerra.

En su diario Neugass apuntaba al motivo que le había empujado hacia España. Aunque declarara: «Durante toda mi vida he sido un pacifista y he odiado banderas y uniformes y, sobre todo, la música militar».[75] Para él lo que estaba en juego en el campo de batalla eran diferentes concepciones del mundo. Frente a estandartes como dios, patria, raza, sangre y honor, Neugass argumenta el sentido de permanecer en el puesto que ocupa, a miles de kilómetros de su país: «No huiremos de las trincheras si sabemos que estamos construyendo un mundo nuevo. Nos mantendremos firmes para que se comparta la riqueza de la que cada día el mundo está más lleno. Debe cesar esta pobreza en medio de la opulencia. Vamos a resistir contra todo el peso de las máquinas de muerte mecánicas compradas por hombres que piensan que la pobreza en medio de la opulencia es el principio natural e inmortal de la vida».[76] En Villa Paz, James Neugass también compartió destino con

Salaria Kea, la única enfermera afroamericana del Batallón Lincoln, que había destacado como activista en un hospital de Harlem antes de marchar a España. Las motivaciones de James Yates, como ocurrió con Salaria Kea, tenían que ver con su lucha cotidiana, con la herencia de luchas que arrastraba desde los tiempos de la esclavitud. En un artículo que publicó en 1978, señalaba lo que representó la Guerra Civil española para los combatientes afroamericanos: «Ellos vieron con singular claridad que la lucha contra el fascismo mundial en España estaba directamente vinculada a su propia lucha en casa contra la represión reaccionaria contra el pueblo negro. ¡Ayudaron a hacer historia en España! ¡Historia de los negros! ¡Nunca antes había habido una unidad militar americana formada por negros y blancos juntos! ¡Nunca antes un negro había comandado un batallón mayoritariamente blanco! James Peck, uno de los pocos negros que obtuvo una licencia de piloto en la América de los años treinta, fue el primer negro americano en derribar un avión en cualquier guerra; Alonzo Watson fue el primer negro americano en morir bajo la orden de "guerra contra el fascismo"».[77]

Las Brigadas Internacionales abandonaron España a partir de octubre de 1938. El Gobierno de la república los exhortó a dejar el país con la convicción de que su salida modificaría la correlación de fuerzas internacionales y que, con su marcha, el Comité de No Intervención lograría que Italia y Alemania abandonaran la contienda. No fue así, Hitler y Mussolini siguieron añadiendo toneladas de bombas al paisaje. A las Brigadas Internacionales se las tildó de ser «los hijos de Stalin», un mantra acusatorio que pretendía menoscabar su impulso solidario y estigmatizar su presencia como si fueran agentes sanguinarios a las órdenes de la Unión Soviética. Sebastiaan Faber desmonta esa afirmación: «Es verdad que la idea de las Brigadas Internacionales nace en la Internacional Comunista, pero solo una parte eran militantes comunistas y la propia Internacional estaba empeñada en que los contingentes fueran ideológicamente lo más diversos posible. De hecho, después de la guerra muchos rompieron lazos con el Partido Comunista por diferentes motivos de la historia. Pero lo más interesante de este asunto es que esa acusación no es una explicación histórica útil. La pregunta tendría que ser qué significaba ser comunista a principios de la década de 1930, no solo en Estados Unidos, sino en el resto de los países del mundo. Para la mayoría de los voluntarios, incluidos los afroamericanos, ese reduccionismo de *los hijos de Stalin* no explica el ideal que los movió a luchar en la guerra de España». Y añade que muchos eran sindicalistas, socialistas, anarquistas, progresistas o simplemente demócratas que se oponían a un golpe militar y a las consecuencias globales que podía tener la victoria de Franco contra el Frente Popular. Para muchos brigadistas, esas consecuencias iban más allá de España.

Cuando James Yates regresó a casa, se encontró de nuevo con el peso de la discriminación racial, fue un tortazo de vuelta a la realidad estadounidense. A pesar de ser recibidos en el puerto de Nueva York como héroes por cientos de neoyorquinos, cuando llegaron al hotel reservado para alojar a los brigadistas en Manhattan e intentaron registrar la habitación de Yates, el recepcionista le negó una habitación por ser negro. «Tras haber vivido la aceptación en los cafés y los hoteles de Francia y España, me sorprendió tener que encajar el golpe tan rápido. El dolor fue más intenso que cualquier balazo»,[78] escribió Yates. Toda la delegación abandonó el hotel y se trasladó a otro no segregado en el Greenwich Village. «España fue el primer lugar donde me sentí libre. Si no le gustabas a alguien, te lo decía a la cara. No tenía nada que ver con el color de la piel»,[79] cuenta en su libro. Falleció en 1993, con ochenta y siete años. En el obituario que le dedicó *The New York Times* lo describían como un hombre «que pasó de los campos de algodón de Misisipi a los campos de batalla de la Guerra Civil española y las luchas por los derechos civiles en Nueva York». Según el artículo, Yates también combatió en la

Segunda Guerra Mundial, y en los últimos años de su vida era «una figura popular en las calles del Greenwich Village a la que uno podía encontrarse vendiendo su libro en un puesto y compartiendo la historia de su vida con los transeúntes».[80]

La historia de James Neugass en España no se conoció hasta muchos años después de su muerte. Tras su regreso, cambió de oficio, trabajó como ebanista y mecánico, se casó y tuvo dos hijos. En junio de 1949 terminó su novela Rain of Ashes, ambientada en su juventud en Nueva Orleans. Tres meses después, en septiembre de 1949, Neugass falleció de un repentino ataque al corazón en la estación de metro de Sheridan Square. Apenas había contado a nadie su experiencia en la Guerra Civil española, cuando marchó con treinta y dos años a luchar por «un mundo nuevo». Su diario desapareció y fue descubierto por sus hijos sesenta años después de ser escrito. En 2008 se publicó en Estados Unidos con el título *War is Beautiful*; dos años después se publicaría en castellano como *La guerra es bella*. En la publicación de las bibliotecas públicas de Estados Unidos, *Library Journal*, se le dedicó una reseña donde podía leerse lo siguiente: «Prosa elegante, descripciones brutales y humor corrosivo caracterizan este diario escrito por un poeta durante sus meses como voluntario en la Guerra Civil española».

El diario de James Neugass, de prosa elegante y sin adornos, es reflejo de un tiempo de solidaridad único en la historia de la humanidad. Algunos de los valores del libro radican en la honestidad de su relato, en la particularidad de su mirada independiente y en la ilusión como fondo permanente a pesar del espeso dolor humano. En una de las anotaciones de su cuaderno de viaje, que siempre le acompañaba y que guardaba en su camisa junto al tabaco, relata una noche de invierno en que una familia de campesinos de un pueblo de Teruel le ofrecen, en medio de una heladora ventisca, compartir cena con ellos. La familia vive en una casa de piedra con suelo de tierra, en la lumbre hay un puchero común del que comen con cuchara mientras pasan de mano en mano un porrón de vino en respetuoso silencio. Terminada la cena, Neugass aprovecha para hablar con ellos entre las miradas de incertidumbre y sorpresa que intercambian al tener a un extranjero por primera vez en su humilde hogar. Neugass pregunta qué considera la familia que es el fascismo. «Es algo horrible», responde el padre, tajante, y a continuación se hace el silencio. James Neugass, a miles de kilómetros de su lugar de origen, Nueva Orleans, con un castellano rudimentario, insiste con la pregunta. En la semioscuridad de la estancia, con el sonido del viento soplando en el exterior, muy cerca de un campo de batalla infernal y con doce personas alrededor de un fuego que proyecta una luz tenue en la estancia, el padre añade: «El fascismo es muerte y frío».[81]

CAPÍTULO 7
Champion Jack

La vida de Jack Dupree es un cruce de datos a veces contradictorios y confusos, muchos de los cuales no concuerdan. Su fecha de nacimiento no está muy clara, hay una horquilla de tres años en algunas referencias que la sitúa entre 1908 y 1910. En otras aparece también que nació un 4 de julio. Tampoco está claro el origen de su familia: según parece, su padre era un emigrante de lo que hoy es la República Democrática del Congo y su madre, una afroamericana con sangre cheroqui. Tras el fallecimiento de Jack Dupree, en la necrológica sin firma que publicó el diario *El País* el 22 de enero de 1992, se afirmaba que, aunque no se podía señalar con seguridad la fecha exacta de su nacimiento, lo que sí estaba claro es que al año siguiente de llegar al mundo «fueron asesinados sus padres por miembros del Ku Klux Klan».[82] En otras referencias bibliográficas, sin embargo, se afirma que su padre pidió al pianista Tuts Washington, cuando Jack tenía ocho años, que enseñara a tocar el piano al chaval y que este, siendo un crío, participó con la tribu de los Yellow Pocahontas, de la que sería líder Allison «Tootie» Montana, en el Indian Mardi Gras. Lo curioso es que algunas de esas versiones contradictorias aparecen en los libretos de algunos de los discos que publicó en vida.

Pero hay una persona que conoce la verdadera historia de Jack Dupree: el guitarrista danés de *blues* Kenn Lending, amigo y compañero de escenarios de Champion Jack durante los últimos trece años de vida del pianista. Lending se emociona al saber que alguien quiere indagar en la vida de su amigo: «Necesitaré algunos días para pensarlo y decidir en qué centrarme —responde por correo tras un primer contacto—, no es frecuente que alguien quiera escribir sobre Champion Jack Dupree, nunca ha sucedido antes. La música era su fe y su forma de dar sentido a este mundo».[83] Lending toca la guitarra desde que era pequeño y quedó fascinado por la música de Bob Dylan y la escena folk estadounidense, pero fue en 1968, durante el American Folk Blues Festival, cuando quedó impresionado por el *blues* y reorientó sus gustos. Aquel festival tenía sedes itinerantes por toda Europa, y fue una auténtica bandera de enganche del *blues* en el continente que influyó de manera determinante en la música europea. En la edición de 1962, en Mánchester, la primera en suelo británico, se encontraban entre el público Mick Jagger, Keith Richards, Brian Jones o Jimmy Page.

«El American Folk Blues Festival fue el primer concierto al que asistí —cuenta Lending—. Tenía trece años y fue como estar en el cielo, ver y escuchar a todos esos grandes músicos que parecían de otro planeta para un chico danés como yo fue increíble. Actuaron T-Bone Walker, John Lee Hooker, Jimmy Reed, Big Joe Williams y Eddy Taylor's Chicago Blues All Stars en la sala de conciertos del Tivoli Garden de Copenhague. Después de aquello no me perdí un solo festival hasta 1972, cuando dejaron de celebrarse. En 1969 vi a B. B. King en el Falkoner Centeret de Copenhague, y ahí decidí el destino de mi vida.» En la década de 1970 Kenn Lending formó parte de varios grupos, como la banda de salsa-rock Himmelexpressen y el grupo de *soul* y *reggae* Survivors. En 1980 creó su propia banda, The Kenn Lendig Blues Band, con la que ha seguido tocando. Un año antes, en 1979, comenzó su alianza con Jack Dupree, un encuentro que duró hasta la muerte de este, en enero de 1992.

Pasados unos días, y tras varios contactos cada vez más amistosos, Lending cuenta la verdadera historia del pianista: «Champion Jack Dupree nació como William Thomas Dupree el 23 de julio de 1909 en Nueva Orleans, Luisiana. Los padres eran dueños de una exitosa tienda de comida, les iba muy bien. Pero también fue la época en que el Ku Klux Klan estaba en auge en todo Estados Unidos. Su *diversión* era, entre otras, destruir los negocios y atacar a las comunidades negras. En 1910 la tienda de la familia de Jack fue quemada hasta los cimientos y todos, excepto él, murieron en el incendio», cuenta Lending. «Jack, con un año de edad, fue internado en el Colored Waifs Home for Boys, donde también estuvo Louis Armstrong. Fue criado en este hogar por un sacerdote católico, hasta que a los catorce años le dejaron en la calle solo y sin familia. Una mujer con muchos hijos le acogió durante un tiempo, y cuando Jack y yo estuvimos en Nueva Orleans para su primera visita, tocando juntos en el New Orleans Jazz & Heritage Festival, la hija menor de esta mujer vino a visitarlo.»

Su vida en Estados Unidos, antes de marcharse a Europa, fue una sucesión de sobresaltos: «Desde finales de la década de 1920, Jack era vagabundo, se ganaba la vida tocando el piano y peleando en apuestas callejeras. Tal vez fue ahí donde adoptó el nombre de Champion Jack o tal vez fue cuando consiguió un trabajo como boxeador para entrenamientos en un gimnasio de Chicago o Detroit. Más tarde se convirtió en boxeador profesional de peso ligero, peleó en más de cien combates y fue el campeón estatal de Indiana hasta que estalló la guerra mundial».

Cuando Jack Dupree llegó a Chicago en los años treinta, vivió durante un tiempo en la casa de Leroy Carr, quien le ayudó a entrar en la escena musical de esa ciudad. Carr, que nació en Nashville, sería uno de los pianistas de *blues* de referencia hasta su prematura muerte en 1935, y una influencia fundamental en músicos como Ray Charles o Eric Clapton. En opinión de Kenn Lending, «Leroy Carr fue un ídolo para Jack Dupree, quien en 1939 —mientras se desempeñaba como cocinero— comenzó a grabar algunos de sus trabajos».

En 1942, cuando Estados Unidos entró en la Segunda Guerra

Mundial, Champion Jack fue contratado como cocinero en un barco de guerra que operaba en el Pacífico. El barco fue atacado y hundido, y los japoneses capturaron a Champion Jack, que fue prisionero hasta el final de la guerra en 1945. Después de la contienda regresó a su país y empezó a grabar para varios sellos, principalmente en Nueva York, donde siguió alternando sesiones de grabación con su trabajo como cocinero. A partir de 1958, después de publicar el disco *Blues from the Gutter* con Atlantic, le saldrían algunos conciertos en Europa. Según cuenta Kenn Lending, «en 1958 Jack fue a Inglaterra para un festival de jazz y ya no volvió a Estados Unidos. Allí se casó y vivió con su mujer y sus tres hijos, principalmente en Halifax y, durante unos años, en Suiza. En 1975 se divorció y se trasladó a Hannover, en Alemania, donde residió hasta su muerte». En Europa al principio tampoco lo tuvo fácil. «Trabajó mucho con bandas de jazz, tanto en Inglaterra como en Dinamarca. Pero los músicos de jazz europeos, en ese momento, pensaban que todo el mundo de Nueva Orleans estaba tocando jazz, mientras que él hacía *deep blues*. Ese era su rollo, Jack era un *bluesman sagrado*, de una línea que se remonta a los músicos de las plantaciones de esclavos y a los narradores de historias del África Occidental, los *griots*. Siempre decía que su música venía del mundo espiritual y que su transmisión se mantenía a lo largo de generaciones», cuenta Lending.

En el programa de la cadena pública británica *Blues at BBC* hay una grabación de Jack Dupree en 1964 en la que se señala por medio de rótulos al pie de la imagen una síntesis de su vida. En el programa se ve a Champion Jack tocar el piano con soltura, apretando cada tecla con fuerza, en un estilo que acompañó siempre su trayectoria como músico. En Europa comenzó a hacerse un nombre en la escena del *blues* a partir de la década de 1960 y se convirtió en un habitual del género en clubes y festivales. En 1971 actuó en el prestigioso Festival Internacional de Montreux, acompañando al saxofonista King Curtis. Kenn

Lending recuerda con especial cariño la forma de ser de su amigo cuando estaba subido a un escenario: «Jack podía ser un comediante y también un auténtico *bluesman* delante del piano, el humor era un gran vínculo entre nosotros. Desde el principio nos reíamos de las mismas situaciones estúpidas y recuerdo cómo me dolían las mandíbulas de tanto reír cuando volvía a casa después de las primeras giras. Pero al minuto siguiente de hacer reír a la gente con sus chistes y su mímica, cambiaba por completo y se ponía a cantar largas canciones tristes sobre las tragedias de la vida y las lágrimas le rodaban por las mejillas. Entonces se secaba la cara con un pañuelo y empezaba a reír de nuevo. Jack era un hombre que estaba muy en contacto con sus sentimientos y nunca tuvo miedo de mostrarlos. Pero el único sentimiento que nunca tuvo era la ira. Siempre me decía "Tocamos para hacer feliz a la gente" y quizás esa fue la lección más valiosa que me enseñó».

A mediados de la década de 1970 Champion Jack frecuentó la comuna de Christiania, en Copenhague. El espacio estaba conformado por unas cuarenta hectáreas de terreno, con antiguos barracones del Ejército danés, y fue okupado en 1971. En aquel momento la iniciativa estaba influida por el movimiento Provo, que nació en la década de 1960 en Holanda, y mezclaba la acción artística directa con una fuerte inspiración teórica y práctica anarquista. «Christiania en los años setenta era un lugar realmente maravilloso, con muchos clubes de música. De hecho, fue allí donde hice mis primeras actuaciones profesionales a partir de 1973. A Jack también le encantaba estar allí cuando venía a Copenhague e hicimos varios conciertos al principio de nuestra relación. Pero la historia de que Jack vivió allí es falsa, nunca vivió en Christiania, Copenhague o Suecia. Solo estuvo allí muchas veces.» Lending cuenta que ellos se identificaban con aquel movimiento, en un tiempo donde, en ciudades como Ámsterdam, Londres, Milán, Zúrich o Berlín, comenzaba a proliferar la creación de espacios para vivir en colectividad y la puesta en marcha de centros culturales alternativos y autogestionados.

En la Ciudad Libre de Christiania, Champion Jack grabó en 1975 una película alucinante: *Barrelhouse Blues: Feelings and Situations*. En el filme, Jack Dupree, quien ya tenía más de sesenta años, interpreta las situaciones de racismo cotidiano que vivía en Estados Unidos la población negra. Frente a esa realidad, el músico expresa el poder de la vida en libertad, desde la amistad y la construcción de la utopía en el día a día, como refugiado en Christiania. «*Feelings and Situations* fue realizada por la artista sueca Eva Acking, amiga íntima de Jack durante mucho tiempo, y la artista noruega Laurie Grundt, que vivió muchos años en Christiania», cuenta Kenn Lending. «Jack estaba muy orgulloso de la película y a mí también me gustó mucho. Christiania en aquella época era la posibilidad que teníamos para expresarnos libremente, como somos. Vivir la vida para hacer lo que quieres, sin preocuparte de lo que espera la gente y la sociedad de ti ni de los éxitos materiales. Christiania era la libertad —explica Lending, emocionado por lo que supone como reivindicación de su propia trayectoria—: Fue un gran ideal para mí en ese momento y lo ha sido para el resto de mi vida».

El alegato antirracista del filme está acompañado de actuaciones con batería y guitarra, y también de danza y pintura. El filme, en blanco y negro, tiene alguna de las características clásicas del cine nórdico, con planos muy abiertos o extremadamente cerrados, que sugieren sentimientos individuales y donde la acción acaricia en cada secuencia la sensibilidad del entorno.[84] Además hay escenas de algunas de sus actuaciones en directo, con Kenn Lending, viajando por varios clubes de música en una época en que muchos de ellos estaban frecuentados por el movimiento de izquierda alternativo que surgió en la década de 1970 en Europa. En esa atmósfera, la música negra que llegaba de Estados Unidos tuvo muchísimo eco. Fue justo antes de la explosión del punk, que significaría una nueva composición estética y musical, pero aquella diáspora de *blues* y jazz —así como la actitud que mostraban los artistas sobre el escenario— sería fundamental para el desarrollo del rock y de los sonidos que estaban emergiendo en esos momentos. El gesto de orgullo de muchos músicos negros fue un ejemplo para muchos artistas europeos. Sin ese toque tampoco se explica la energía de la escena jazzística y de *blues* que empezó a desarrollarse por toda Europa, ni muchas de las esencias de las bandas que arrasarían en festivales y conciertos multitudinarios a partir de la década de 1960.

El *blues* de Champion Jack tenía todas las características del género. Su voz arrastrada narraba, desde la ironía, las penas y alegrías de la gente del sur, pero con la fuerza propia del rebelde que se expresa a través de los marcados golpes sonoros del piano. Dupree está encuadrado dentro de lo que se conoce como estilo *barrelhouse*, término con el que se designaba un tipo de tabernas de música en vivo surgidas en Nueva Orleans a principios del siglo xx en las zonas más pobres, como Storyville, donde el piano era el instrumento predominante. Tenían fama de tugurios baratos donde tomar cerveza y whisky casero, acompañados de un tipo de *blues* y *boogie woogie* más crudo, bailable y alegre. Kenn Lending resume así la trayectoria de Champion Jack y sus sentimientos: «La rabia contra el racismo sistémico y el Ku Klux Klan nunca le abandonó y tuvo un enorme impacto en su vida y en su música. Estaba agradecido por su tiempo en Europa y nunca dejó de hablar de lo diferente que se sentía como ser humano desde que llegó aquí. Por eso, solo en los dos últimos años de su vida se convenció de volver a Estados Unidos a tocar su música. En 1990 fuimos a Nueva Orleans para el Festival de Jazz y en 1991 volvimos para una gira de seis semanas por todo Estados Unidos y Canadá».

Champion Jack regresó a Nueva Orleans para actuar en el Festival de Jazz treinta años después de abandonar su país. Allí tocó el piano ante su gente, con toda su fuerza y su alegría, acompañado en algunos momentos por Allen Toussaint. Dos amantes del *boogie woggie* y el *blues* que demostraban con su arte sobre el escenario que la música sobrevive al tiempo. De su actuación en el festival salió un disco titulado *Back in New Orleans*. En un breve obituario tras su muerte, en la edición impresa del 22 de enero de 1992, *The New York Times* explicaba de forma sucinta su trayectoria: «Champion Jack Dupree, pianista de jazz nacido en Nueva Orleans cuyo estilo de *barrelhouse* influyó en músicos de rock como Eric Clapton y John Mayall, murió de cáncer el martes en su casa de Hannover, Alemania. Tenía ochenta y dos años y vivía en Hannover desde 1975. Vivió en Europa desde 1958, dijo Karsten Jahnke, su agente. A menudo actuaba en clubes de Gran Bretaña, donde el señor Clapton y otros jóvenes músicos aprendían de su estilo de *blues*. El señor Dupree quedó huérfano cuando sus padres murieron en un incendio. Se ganó su apodo porque de joven fue boxeador».[85]

Para Kenn Lending es una sorpresa y una alegría que tanto tiempo después se vuelva a hablar de su amigo. «Toda mi vida me ha preocupado la historia de la gente negra, no solo de Estados Unidos. La historia real nunca se nos ha contado a los blancos. Si la supe, fue tal vez por la gente que conocí, ellos vivieron esa historia y pudieron sentir mi sincera preocupación.» Lending quiere que las nuevas generaciones sepan todo aquello, en especial su querida nieta, a la que adora y gracias a la cual conserva una enorme fuerza existencial. Su esperanza por un futuro mejor en este mundo pasa por que se conozcan las trayectorias de vida de gente como Jack Dupree: «Él era mi mejor amigo y sabía que yo era el suyo, nadie estuvo tan cerca de él como yo. Viajamos juntos desde 1979 hasta 1992, dando más de mil conciertos en países de todo el mundo. Soy la única persona que queda en este mundo que conoció de verdad a Champion Jack».

CAPÍTULO 8
Brillante Misisipi

Allen Toussaint nació en 1938 y creció en un hogar abierto al vecindario, donde la música estaba muy presente, especialmente a través de la radio. Su madre tocaba el piano y su casa era un punto de encuentro para jóvenes de la zona que querían practicar. Su padre trabajaba en el ferrocarril y tocaba la trompeta. Tanto Allen como su hermana Joyce heredaron desde muy jóvenes la pasión de su familia materna por el piano: su madre estaba enfocada hacia la música clásica y el hermano de esta, Vincent, hacia la guitarra. Aquellas sesiones abiertas de la familia y los vecinos le sirvieron a Allen para su trabajo posterior como compositor, arreglista y productor. Sus primeras influencias fueron pianistas de *boogie woogie* y *blues* como Ray Charles y, especialmente, Professor Longhair, héroe musical de la ciudad —entonces y ahora— del que fueron herederos al piano el propio Toussaint, James Booker o Dr. John. Toussaint formó su primera banda, Flamingoes, a los trece años con el guitarrista de *blues* Snooks Eaglin para tocar en bailes y fiestas, y comenzó a frecuentar el mítico Dew Drop Inn, donde se reunían los mejores músicos de la ciudad.

El Dew Drop fue un espacio fundamental en el desarrollo del *rhythm and blues*, el *soul* y el rock en Nueva Orleans. Conocido popularmente como The Groove Room, comenzó a finales de la década de 1930 como una barbería regentada por Frank G. Paina, pero pronto pasó a ser bar, espacio para conciertos y hotel. A partir de 1940 se hizo famoso como parada obligatoria para los músicos negros que estaban de gira, a quienes se les negaba alojamiento en los hoteles segregados. En 1945 Paina integró un edificio contiguo y añadió una sala de baile al local, lo que aumentó la capacidad y la popularidad del lugar. Por allí pasaron astros como Ray Charles, James Brown, Sam Cooke, Ike y Tina Turner, B. B. King, Otis Redding o Little Richard, quien dedicaría al lugar el tema «Dew Drop Inn». Un templo de la música en directo y los encuentros sociales.

Cada fin de semana había dos pases de conciertos y los viernes el local estaba reservado para artistas locales. Los maestros de ceremonias del club incluían al cantante de *blues* Mr. Google Eyes y la *drag queen* Patsy Valdeler, que organizó allí cada año el Halloween Gay Ball, uno de los primeros espacios públicos de reivindicación de la comunidad *queer* de Estados Unidos. Además, fue un lugar de referencia para los músicos de la ciudad, algunos de los cuales se instalaron allí para vivir un tiempo, como hizo James Booker. El garito se hizo famoso por las fiestas que se organizaban después de los conciertos. Con el tiempo se corrió la voz, y desde los años cuarenta hasta los sesenta se ganó la reputación en todo el país de ser uno de los últimos puntos de encuentro abiertos hasta altas horas de la madrugada para amantes de la música sin distinción de razas. En noviembre de 1952 el dueño, Frank Paina, fue arrestado, junto con el actor de Hollywood Zachary Scott, y acusado de alterar el orden público a raíz de una denuncia presentada al Departamento de Policía de Nueva Orleans en la que se señalaba que «negros y blancos son atendidos juntos». *The Groove Room* cerró en 1970 y Paina falleció dos años después. El saxofonista Charles Neville definió el ambiente del Dew Drop como «una subcultura dentro de una subcultura».

En esos años de subidón, un joven Allen Toussaint realizó allí sus primeras actuaciones. En 1957 Dave Bartholomew, otra de las eminencias musicales de la ciudad, se fijó en la habilidad de Toussaint al piano y, como director de la banda de Fats Domino, le contrató para grabar una sesión mientras Fats estaba de gira. A partir de ahí, Toussaint se enganchó al trabajo en estudio y, también en 1957, realizó su primera obra como productor y arreglista con Lee Allen y su éxito *Walkin' With Mr. Lee*. En 1958 Toussaint grabó su primer álbum, *The Wild Sound of New Orleans*, en el que firma como «Al Tousan». A partir de 1960 se produjo el despegue de Allen Toussaint como compositor. El listado de artistas que trabajaron con él a lo largo de su carrera, y que lograron un reconocimiento en las listas de ventas con sus temas, es admirable: desde músicos locales como Ernie K-Doe, Fats Domino, Lee Dorsey (con «Working In A Coal Mine») o su querida Irma Thomas, «Soul Queen of New Orleans»,[86] hasta figuras internacionales de estilos muy diferentes, como Rolling Stones, Paul McCartney, Ringo Starr, Paul Simon, The Who, Robert Plant y Alison Krauss, The Yardbirds o Elvis Costello.

Un apoyo importante en los inicios de Allen Toussaint fue otro de los personajes particulares de la historia cultural de Nueva Orleans: Cosimo Matassa, «Cosmo». Miembro de la comunidad italoamericana de la ciudad, muy presente en los años cuarenta en el French Quarter, prácticamente todos los discos de *rhythm and blues* de Nueva Orleans que llegaron a las listas de éxitos entre finales de los años cuarenta y principios de los setenta se grabaron en uno de sus estudios.[87] Cosmo comenzó con una tienda de discos en 1945, J&M Appliance Store And Record Shop, en cuya parte trasera construyó un pequeño estudio. El local estaba en el límite del French Quarter y durante mucho tiempo fue el único estudio de grabación en la ciudad. En 1960 Matassa fundó su propio sello y su propia distribuidora, y por su oficina pasaron Little Richard, Fats Domino, Ray Charles, Jerry Lee Lewis, Professor Longhair, Dr. John o Allen Toussaint. Fue un punto de referencia imprescindible para músicos y productores, como también lo fue Sun Records en Memphis.

Allen Toussaint, que fue su alumno aventajado, dijo de él: «Todos vinimos a través de Cosimo. Fue la puerta y la ventana al mundo para los músicos de Nueva Orleans». Y Dr. John definió su estilo de la siguiente manera: «Él desarrolló lo que se conoce como Cosimo's Sound, que se basa en batería potente, bajo profundo, piano brillante, guitarra dura, vientos luminosos y una poderosa voz solista. Ese fue el inicio de lo que después sería conocido como New Orleans Sound».[88] En una entrevista para la publicación local *Gambit*, Cosmo apuntó cuál era su secreto: «A lo largo de mi carrera, lo único que traté de hacer fue ser transparente. Escuchaba a los músicos en los *night clubs* y solo quería ser fiel al original, para que lo que hacían quedara registrado. No intenté darle forma, solo hice lo posible por no estropearlo».[89] En 1980 Cosimo dejó la música y regresó a la tienda de alimentación que regentaba su familia. Murió en 2014.

A partir de la década de 1960 la actividad de Toussaint como productor y arreglista sería espectacular, primero como referencia local de las principales bandas y solistas del momento y más tarde al servicio de una lista impresionante de clientes internacionales de diferentes estilos. Abriría su propio estudio de grabación, Sea Saint, y por sus manos pasarían nombres indispensables a los que ayudó amasando sus trabajos hasta lo exquisito. Además, a partir del final de esa década emprendería su propio camino como una figura destacada de la música a nivel mundial y muchas de sus colaboraciones serían éxitos discográficos. Su nombre en la agenda de cualquier artista de nivel era una garantía para desarrollar un buen proyecto. El huracán Katrina modificó su rutina como productor, compositor y arreglista. A partir de 2005, Allen Toussaint multiplicó su presencia como solista y pianista de banda, que prácticamente había abandonado desde la década de 1970. Lo hizo después de la *renovación* de energía con la que digirió la catástrofe que arrasó su ciudad. Desde 2005 hasta su muerte, en 2015, publicó cuatro discos, uno de ellos, póstumo, y pisó numerosos escenarios. Pero, a pesar del éxito y reconocimiento de ese tiempo, sabía que su *lugar en el mundo* era un espacio cerrado, trabajando mano a mano con músicos: «Mi fuerte era estar en el estudio, producir, tocar el piano en las sesiones de grabación.

Lo único que me importaba era el estudio», señalaría Allen Toussaint en una entrevista.

Alison Toussaint afirma que el Katrina supuso un antes y un después en la trayectoria de su padre: «Siempre fue un optimista, y aunque el huracán destruyó todo, él decía que el Katrina fue un bautismo, no un ahogamiento, decía que todo lo que poseía había cumplido bien su función hasta ese punto y que era hora de moverse a otra cosa».[90] Alison Toussaint trabaja en la industria del entretenimiento en tareas de gestión, producción y guion. Defensora de la radiodifusión pública, fue miembro de la junta directiva de WYES, la televisión pública de la ciudad, y de la emisora local de radio WWOZ. El encuentro con Alison es en la terraza de una cafetería en las afueras de Nueva Orleans, con una enorme sonrisa como carta de presentación: «Estoy agradecida porque vengas a recordar a mi padre desde tan lejos».

Al conocer la noticia de la muerte de Allen Toussaint, Mick Jagger y Keith Richards reivindicaron en redes sociales su legado y destacaron la importancia de su pérdida. No fueron los únicos músicos que lamentaron su muerte, la noticia tuvo repercusión en todo el mundo: Toussaint era una leyenda admirada y respetada. Para Alison, el reconocimiento está motivado por la implicación que ponía en cada trabajo: «Entraba en cada producción muy consciente de con quién estaba trabajando. Se implicaba al máximo, sabía lo que podían hacer y sabía cómo sacar lo mejor. Siempre lo ha sabido». Alison mezcla pasado y presente cuando habla de su padre. «A muchos de esos artistas los conocía muy bien. Dr. John era amigo suyo desde los quince años, e incluso conectaba rápido con otros músicos a los que no conocía tan íntimamente. Tenía el don de sacar lo mejor de cada persona.»

Su amigo Dr. John, pianista, compositor y cantante, falleció en junio de 2019 y es otra de las grandes referencias de lo que se conoció como New Orleans Sound. Su particular estilo, donde mezclaba iconografía vudú, rock psicodélico y *rhythm and blues*, y una personalidad marcada con una estética inconfundible hicieron de Dr. John, ganador de seis premios Grammy, un icono de la ciudad. Como ocurrió con Toussaint, sus colaboraciones con otros músicos de fama internacional fueron numerosas. Para Dr. John, su música estaba conectada con la tradición de Nueva Orleans: «Todo lo que soy me lo enseñaron los más veteranos». Allen Toussaint produjo para él un disco sublime en 1973: *In the Right Place*.[91] Alison habla de Mac Rebennack, «Dr. John», como de alguien de la familia y sonríe cuando recuerda que su padre es un referente de estilos que incluyen el *rhythm and blues*, el *soul*, el *southern soul*, el *funk*, el *blues*, el pop, el rock y el jazz. «En casa solo tocaba música clásica —yo solía llamarla *música de ascensor*—, y cada vez que nos subíamos al coche, ponía también esa música... Luego le veía en concierto y era una persona completamente diferente... ¡Me quedaba sorprendida! Pero amplió mucho nuestro mundo, porque en realidad le gustaba escuchar de todo, incluso *country*. Y eso nos enriqueció, gracias a él apreciamos cada estilo.»

Para Alison Toussaint, el secreto del sonido de Nueva Orleans está en la propia diversidad de la ciudad, que compara con la comida local: hay diferentes formas de hacerlo, pero tiene un inconfundible sabor: «¡Es lo mismo que cocinar gumbo! La música es diferente a cualquier otro lugar del mundo por donde estamos ubicados, por la influencia caribeña, porque de alguna forma somos una *secondline* y cada vez improvisamos de una manera..., por la mezcla de todo». Según Alison, el cariño y el reconocimiento hacia su padre tienen que ver con la forma en que interactuaba con la ciudad: «No se pueden entender por separado». Tras su muerte, la radio local WWOZ, con la que Allen Toussaint siempre colaboró, dedicó en su programa *New Orleans Calling* dos especiales a Toussaint repasando toda su trayectoria.[92]

Allen Toussaint falleció con setenta y siete años de un infarto en la habitación de un hotel de Madrid, poco después de actuar en el Teatro Lara el 10 de noviembre de 2015. Como músico, compositor, arreglista y productor, imprimió en su trabajo una brisa reconocible. Elegante de trato y apariencia, tenía magnetismo, transmitía tranquilidad y amasaba con cariño cada colaboración desde una visión arquitectónica de lo que debía ser una buena canción o un buen disco: coherencia y solidez en el sonido. Era lo que había aprendido de otros maestros con los que había crecido. «Era un perfeccionista, pero trabajaba de una manera en la que lograba tu respeto. Sabía que eras capaz de hacerlo, animaba al artista para que siguiera sus indicaciones, los motivaba... él esperaba y conseguía lo que buscaba. Cada vez que escribía, te hacía una canción a medida», señalaría Irma Thomas tras su muerte.[93]

El *jazz funeral* en honor de Allen Toussaint reunió a una multitud. Gente de todas partes del mundo acudió para mostrar su respeto al artista. Una cicatriz que Alison tardó en superar, pero que dice que se curó escuchando la música de su padre: «"Last Train" es tan buena..., te hace sentir bien, es genial, y "Yes we can can" es un tema inspirador, sube el ánimo, es divertido, te hace bailar, te hace sentir bien, te hace sonreír». El encuentro con ella se realiza tres días después de la victoria electoral de Donald Trump. Alison Toussaint cree que las desgracias se pueden superar. «Aquí estamos acostumbradas —respira hondo y hace un gesto de contrariedad relativa antes de señalar—: Creo que la cultura puede cambiar las cosas y la música de Nueva Orleans es bastante consistente. Siempre está ahí. Es una constante en el tiempo, supera todo lo demás, hace que la gente se sienta bien..., y creo que la música de Nueva Orleans tiene esa energía, aunque no quieras bailar, te levantas y bailas. Ahí está nuestra fuerza.»

CAPÍTULO 9
Creativos Internacionales Asociados (CIA)

James Booker nació en 1939 y desde muy joven fue considerado un genio del piano. Con cuatro años destacaba tocando *boogie woogie*. Además de tener formación académica, tocaba de oído e improvisando sobre la música. Huérfano de padre desde muy pequeño, con catorce años comenzó a sonar en la radio interpretando góspel y *blues* y en una de esas emisiones llamó la atención de Dave Bartholomew, productor y músico local. Gracias a él, firmó, con quince años y el apelativo de Little Booker, con el sello Imperial Records. A partir de los dieciocho —con el consentimiento materno por escrito—, comenzó a tocar con Fats Domino y Little Richard, grabó sesiones con Cosimo Matassa y fue un habitual del Dew Drop, garito de referencia de la música en vivo de la ciudad. En 1960, alcanzó un éxito importante con la canción «Gonzo». En el plazo de seis meses, entre 1966 y 1967, perdió a su madre y a su hermana, un mazazo que le trastabilló todavía más en su frágil equilibrio psicológico. En 1970 fue detenido en las inmediaciones del Dew Drop acusado de tenencia y consumo de heroína y fue internado en la Penitenciaría del Estado de Luisiana, la temida cárcel de Angola. Allí formó una banda, The Knicknacks, con otros músicos que estaban encerrados.[94] Después de dos años en el talego, volvió a los escenarios y recorrió Europa con notable éxito. En Estados Unidos, Booker acompañó a muchos músicos de primer nivel y realizó una amplia gira con Dr. John durante los años setenta y principios de los ochenta hasta poco antes de morir, en 1983.

En el cementerio de Nueva Orleans, en una pared con varios nichos, uno de ellos recuerda a James Booker como «The Piano Prince», título honorífico concedido por los músicos de la ciudad a un personaje singular, único. Booker nació el mismo año de la muerte de Jelly Roll Morton y fue uno de los grandes referentes que surgieron de la escena musical de Nueva Orleans en la década de 1960 y 1970. Actuó con artistas como Aretha Franklin, Ringo Starr, Fats Domino, Huey «Piano» Smith, Jerry Garcia, Eric Clapton, Duke Ellington o Dizzy Gillispie y pertenece a la estirpe de músicos idolatrados por la gente de la música y desconocidos para el gran público. Se autodesignó en vida como Bronze Liberace, Black Prince of Europe, Bayou Maharajah o James Booker III, y lucía un parche en el ojo izquierdo, mientras que el derecho deslumbraba con una mirada vidriosa. Musicalmente ecléctico, su nombre aparece con frecuencia como referente de un estilo de músico que se asocia a la versión más canalla de Nueva Orleans.

Para la documentalista Lily Keber, «James Booker es probablemente el mejor pianista de Nueva Orleans de todos los tiempos. Esta ciudad tiene una larga tradición de pianistas, desde Jelly Roll Morton y Fats Domino, Tuts Washinghton o Allen Toussaint hasta gente más reciente como Dr. John. Hay más pianistas per cápita que en cualquier otra ciudad de Estados Unidos y, de todos ellos, creo que James Booker fue el más avanzado técnicamente».[95]

Keber contó la historia de James Booker en el documental *Bayou Maharajah*, estrenado en 2013, por el que desfilan un montón de personajes que trataron a Booker y que cuentan el particular estilo de vida de un músico que no solo brilló por la técnica, sino también por su capacidad para adaptar diferentes músicas a su repertorio, como si la armonía fluyera libremente por sus manos. Tocaba como si su talento estuviera tan mecanizado que la improvisación surgiera como un manantial cuando se sentaba al piano. Booker podía actuar mientras se cambiaba el parche del ojo —tenía diferentes modelos— o intentaba ligar con alguien del público, momentos en que, si iba con banda, esta le seguía con una mezcla de asombro y nerviosismo. Para Keber su talento tenía que ver con su formación desde chaval: «Fue un niño prodigio, que recibió clases de piano clásico desde muy pequeño y adoraba a Chopin, Malinoff o Grieg y combinó su formación clásica con cierto *funk pantanoso* típico de Nueva Orleans». Pero Booker también era un músico con difícil encaje en la sociedad del momento: «Todos sabían que era el mejor pianista, pero ser negro, homosexual y drogadicto no le ayudó en aquella época de Estados Unidos».

En algunas de sus giras, especialmente por Europa, llevaba una enorme peluca afro donde escondía marihuana suficiente para todo el trayecto; al desmontar su escondite, dejaba alucinados a promotores y periodistas. En opinión de Lily Keber, establecer el género en el que encasillar a James Booker no tiene sentido: «La gente no sabe cómo clasificarle, se sale de cualquier categoría. ¿Qué música toca Booker? No es realmente jazz, tampoco *blues*, ni *rhythm and blues*..., es una combinación de todas. Es algo tan nuevo que la gente no sabe comprenderlo». En este momento de la conversación puntualiza: «Esto es Nueva Orleans, aquí la gente no me pregunta qué películas he hecho antes, o por qué quería hacer esto, la gente que lo conoció comprendía perfectamente por qué había que hacer esta película». Keber utiliza el ejemplo de Booker para hablar de cómo en la ciudad el estándar de géneros musicales, también de otras disciplinas, es mucho más amplio que en otros lugares y no hay tanta voluntad de etiquetar en categorías. En cualquier caso, añade, Booker, para ella, es una metáfora de Nueva Orleans: «Tan lleno de talento como de problemas».

Lily Keber llegó a Nueva Orleans en 2006 para filmar la resaca que había provocado el huracán Katrina. En ese momento mucha gente viajó hasta allí para grabar la devastación de la ciudad, pero ella decidió invertir el plano y que fueran los propios protagonistas quienes contasen su historia. Con vecinos y vecinas del Ninth Ward, el más afectado por el huracán, creó el colectivo New Orleans Video Voices para hablar en primera persona sobre lo que estaba ocurriendo. Fue también una forma de incorporarse al relato de una ciudad sin la distancia del observador ajeno. Un proyecto de cine cooperativo que empoderaba a la comunidad. El experimento funcionó, la gente se hizo con las cámaras y contó sus propias historias sobre qué estaba ocurriendo, con su propio lenguaje y sin sensacionalismo. La idea era construir un archivo de memoria colectiva a partir del respeto. Desde entonces, vive en Nueva Orleans y es una de las referencias creativas de la ciudad.

Además de la película sobre Booker, Keber ha dirigido *I Appear to be a Problem*, sobre el músico Nicholas Payton, y participó en la antología de piezas documentales *New Orleans Here & Now*, que narra a través de seis directores residentes la situación en la ciudad diez años después del Katrina. Además, ha producido vídeos musicales para Arcade Fire, Beyoncé, Leyla McCalla o Preservation Hall. En 2018 estrenó *Buckjumping*, en el que seis historias diferentes vertebran un documental alrededor de la práctica y la potencia del baile de la comunidad negra de Nueva Orleans. Las historias que narra en *Buckjumping* se centran en el Nine Times Social Aid & Pleasure Club y cómo preparan la *secondline*; en la Golden Sioux Gang y qué significa el Indian Mardi Gras; en un funeral con música grabado desde las entrañas; en los preparativos de la actuación anual del grupo de danza de la Escuela Secundaria Edna Karr para el carnaval, y en la escena de música *bounce**, a través de Hasizzle The Voice, que actúa como *drag* en *night clubs*. «Todas las historias de *Buckjumping* tienen en común que están basadas en la diáspora

---

*«Intrínsecamente relacionado con la historia del hip-hop de Luisiana, y enraizado en la cultura de Nueva Orleans, el *bounce* es un estilo de música que se originó en los proyectos de viviendas y bares de la ciudad a finales de la década de 1980.» Trejo, «A Brief History of New Orleans».

africana hacia Nueva Orleans. La naturalidad con la que están presentes la espiritualidad o el baile. Creo que, como dice mucha gente aquí, Nueva Orleans es la ciudad más al norte del mar Caribe, es una ciudad como ninguna otra en Estados Unidos, culturalmente tiene aspectos más parecidos a Santiago de Cuba o Haití que a cualquier otra ciudad de este país —y, después de decir eso, Keber añade el motivo de la particularidad local—: Una *secondline* o los *jazz funerals* se practican de manera muy similar en otros países de América Latina, pero lo que hace especial y diferente a Nueva Orleans es la cultura negra.»

Buckjumping trasmite una luz poderosa, que se adueña de la pantalla más allá de la propia claridad que desprende una ciudad climatológicamente cálida. Esa intensidad se proyecta con especial potencia durante las imágenes de las *secondlines* o el Mardi Gras, con unos planos que te introducen en el cuerpo del baile, pero está también reflejada en los rostros de las protagonistas, que hablan a cámara sin el pudor que genera la mirada ajena. Se crea una comunidad de confianza y eso se nota en la naturalidad con la que se expresan y cuentan sus historias. En buena medida, porque hay un trabajo previo para encontrar una sinergia común. «Claro —comenta Keber—, eso es lo bueno de no ser una cineasta de fuera de la ciudad, vivo aquí, y aunque no formo parte de esas culturas, sí tengo que rendir cuentas, sí soy responsable ante ellas. Así que me aseguro, por ejemplo, de que, cuando la película sale al mundo, no solo es mi experiencia, sino que todos formamos parte.»

Desde esa perspectiva del encuentro, *Buckjumping* es un mosaico de realidades paralelas, dentro del universo del baile y la música en la cultura negra de la ciudad. La fuerza de la trama se sostiene precisamente por la libertad que trasmite Keber a la gente que se pone ante la cámara: «Primero les cuento mi idea, y si les interesa, les pregunto: "¿Cuál es la historia que quieres contar tú?". Es decir, explicas la idea para ver si les interesa y luego dejas que te guíen hacia lo que es realmente importante. No se trata solo de lo que es importante para mí, sino de lo que es importante para ellos. Por ejemplo, grabé una ceremonia religiosa porque era importante para ellos». Keber quiere que las personas que aparecen en sus películas se impliquen en la historia y estén en sintonía con el hilo que desarrolla, les muestra el montaje antes del estreno y dialoga porque su aportación forma parte del sentido del propio filme. Una metodología que no es muy habitual en el cine, donde muchas veces el punto de vista del director prevalece sobre la historia y sus protagonistas. «Me aseguro de que lo he captado bien y de que todas las personas están a gusto con la forma en que salen representadas en la película... Por ejemplo, yo quería que saliera un *jazz funeral*, pero no puedes llegar y ponerte a grabar un funeral, es algo muy delicado —y concluye—: Es un equilibrio entre las historias que quieres contar y saber que tienes que esperar hasta que te *inviten* a entrar.»

Durante el coronavirus Lily Keber siguió trabajando en diferentes piezas documentales. En un vídeo con motivo del relanzamiento en vinilo del disco de Irma Thomas *After the Rain*, grabado originalmente después del huracán Katrina, la documentalista entrevista a The Soul Queen of New Orleans en la tienda de discos Euclid Records sobre la actualidad política del país y la acción del colectivo Black Lives Matter. El encuentro es en el verano de 2020, cuando las calles de Estados Unidos están *ardiendo* en protesta por el asesinato de George Floyd, la violencia policial y el racismo del Gobierno de Donald Trump. Irma Thomas se posiciona respecto a los acontecimientos que están ocurriendo: «Hay que cambiar las leyes, algunas de estas cosas que están pasando con la policía son de una injusticia flagrante, necesitan que se les vuelva a formar para aprender a ser más humanos, a tratar a la gente como seres humanos y a dejar de mirarnos como si fuéramos animales. [...] Trata a la gente como quieres que te traten a ti, como dicen, hay que formarles en "haz a los demás lo que quieras que te hagan a ti", porque si no quieres que te pase a ti, no se lo hagas a otra persona. Esto tiene que cambiar».[96]

También Irma Thomas apunta como reflexión la importancia de la memoria de las luchas por los derechos civiles de los años sesenta y setenta, un tiempo en el que, según cuenta, ella sintió en carne propia el racismo sistémico y la segregación; habla de la necesidad de crear sociedades abiertas de mente, donde no haya diferencias por cuestiones de raza, y muestra también su apoyo a la retirada del espacio público de los monumentos que ensalzan a la Confederación, el bando más racista y esclavista de la contienda que enfrentó al sur y el norte del país entre 1861 y 1865 y con cuyo final se abolió oficialmente la esclavitud. «La Confederación fue parte de la historia, pero no debería estar expuesta de esa manera, debería estar en un museo, no las destruyas, ponlas en el museo —y entre elegantes suspiros mira a cámara para concluir—: Y cambiar los nombres de algunas de las calles por nombres más humanos, de gente que era más humana, sí, pero quitar monumentos no va a cambiar la historia si la actitud sigue siendo la misma. Puedes quitar todas las cosas históricas en todo el mundo, pero si tu actitud no cambia, quitar una estatua no va a cambiar nada.»

Músicos como Irma Thomas, Allen Toussaint, Dr. John, Charles Neville o el actor Hugh Laurie son algunos de los personajes que desfilan por el documental *Bayou Maharajah* para alabar la calidad musical de James Booker y contar algunas de sus anécdotas. The Piano Prince está todavía presente en la iconografía popular de Nueva Orleans: en la sección de destacados de tiendas de discos, en algunas salas de música; y son muchos los músicos de la ciudad que le mencionan con idolatría. Es una leyenda y una institución popular, una forma de ser que se relaciona también con el propio ritmo de la ciudad. Lily Keber escuchó por primera vez su música sonando en la máquina de discos del bar Vaughan's donde entonces trabajaba como camarera. A partir de ahí se quedó hechizada con el magnetismo y la profundidad de su repertorio. Durante la investigación para el documental, fue escarbando en la profundidad del personaje gracias a imágenes de archivo, grabaciones de conciertos y entrevistas, y también hurgando en el paisaje social de la ciudad en aquella época y hablando con la gente que le trató directamente. Su documental obtuvo varios premios, se proyectó en numerosos festivales y sirvió también como reivindicación de un personaje hasta entonces casi desconocido fuera de Nueva Orleans. Sin embargo, ese *olvido* no se corresponde con la dimensión que tuvo. En Europa sus actuaciones fueron significativas, también su reconocimiento. En 1978 actuó en el Festival Internacional de Jazz de Montreux, donde fue presentado como «el único e inigualable rey del piano», y en Nueva Orleans tocó en diversas ediciones del Festival de Jazz. Charles Neville se refiere en la película a Booker como «un héroe» de la ciudad, y añade sobre él: «No era un río, era un océano».

James Booker creció en una atmósfera en *llamas*, un tiempo que simultaneaba una explosión musical impresionante con agitación social. En la década de 1960 y 1970 la música y la energía de liberación colectiva caminaban conjuntamente. Las cicatrices de Booker eran profundas. Cuando tenía diez años, una ambulancia que iba a más de cien kilómetros por hora le atropelló y casi le provoca la muerte. Para aliviar el dolor, con las dos piernas rotas, le administraron morfina. Según él mismo señaló después, fue su primer chute de «euforia». Las drogas fueron un catalizador de evasión para quienes buscaban oasis de placer. En el ambiente había necesidad de fugas. Eran los tiempos de la guerra de Vietnam y el movimiento *hippy*, también de la reivindicación del orgullo negro, las luchas por los derechos civiles y la guerra sucia de la contrainteligencia. Con cuarenta y tres años, Booker acudió después de un *mal viaje* al mastodóntico Charity Hospital de su ciudad natal. Murió mientras esperaba que le atendieran, con la cabeza doblada, como si estuviera sumido en un profundo sueño, con el parche que le distinguía en el ojo izquierdo.

Booker tenía varias versiones sobre cómo perdió su ojo en

1973. Una era que Ringo Starr se lo arrancó en una pelea por los *royalties* de un disco; otra, que fueron unos camellos de Harlem a quienes debía pasta y que le dieron a elegir entre perder un ojo o un dedo y en otra versión aseguraba que lo vendió a un turista por mil quinientos dólares. También afirmó que era una cuestión que tenía que ver con Jackie Kennedy, la Mafia o la CIA. La película de Lily Keber muestra a un personaje brillante, con una capacidad rítmica impresionante y con un virtuosismo frente al piano a la altura de los más grandes. «Habría mucho que aprender sobre su música y sobre ser músico en esta ciudad. Pienso que hay que sentarse y escuchar lo que dice Booker desde su música. Es muy fácil distraerse con el parche, su orgullo negro, con que fuera gay, con sus problemas mentales o con sus historias alocadas con drogas. Eso es más fácil de procesar que la profundidad de las emociones en su música», señala Keber.

The Piano Prince, Bronze Liberace, Black Prince of Europe, James Booker III o Bayou Maharajah afirmó que, cuando nació, la habilidad para tocar el piano de Jelly Roll Morton se reencarnó en él. Al escuchar su música, se puede pensar que no exageraba. En la película de Lily Keber, Allen Toussaint le define como un auténtico «genio», un personaje único, una estrella que fue fugaz, pero que arrastró en su vuelo una forma de ser y vivir propia de Nueva Orleans: «Su música era un producto divino». Según Keber, «con James Booker, nunca se sabía qué podía ocurrir en un concierto..., hay todo tipo de historias loquísimas, incluso podía llegar y sentarse a hablar durante una hora en el piano sin tocar, pero si le pillabas con el humor adecuado, la música lo trascendía todo».

En uno de sus bolsillos, James Booker llevaba un carné blanco con letras verdes y una fotografía que le identificaba como miembro de la organización Creativos Internacionales Asociados (CIA), una burla a las autoridades en forma de asociación imaginaria que valdría como lugar de agregación de muchas de las personas de Nueva Orleans que aparecen en las películas de Lily Keber, incluyendo a ella misma. Su trabajo refleja el poder de la imagen y el cine documental a partir de la honestidad y el compromiso con las personas que construyen una comunidad. Un nexo colectivo, una forma de respirar conjuntamente a través de la música, el baile y la cultura.

CAPÍTULO 10
Emperatriz Punk del Afro-Rock

La cita para el encuentro con Cole Williams, el 9 de mayo de 2020, a través de un canal de videollamada, coincide con la muerte de Little Richard, para muchos el padre fundador del *rock & roll* y genio inigualable sobre el escenario. El pionero que incendió la música con una pose ambigua y una actitud transformadora. «Era uno de los más grandes, una inspiración —apunta Williams, y añade, acerca del contexto de nuestro encuentro—: Durante la pandemia están pasando cosas muy tristes, ahora mismo acabo de enterarme de la muerte por coronavirus de un conocido. Realmente, lo que está ocurriendo es desolador, pero hay que seguir viviendo.» Habla con determinación y muestra una mirada relajada una vez que se sienta frente al ordenador de su casa, con su pelo trenzado suelto, y se pone cómoda mientras lía un cigarrillo. Williams nació en Brooklyn, Nueva York, en una familia de origen jamaicano profundamente religiosa, y vive en Nueva Orleans desde 2014. Líder de su propia banda —cantante, piano y percusión—, es también artista multidisciplinar, diseñadora de ropa y joyas, locutora en la emisora WWOZ —en el programa *New Orleans Music Show*, que se emite cada martes por la mañana— y conocida activista local a favor de las personas sin hogar.

Cole está interesada en saber qué está ocurriendo en Madrid durante el estado de alarma, y cuenta cómo se vive en Estados Unidos con el descerebrado de Donald Trump al mando y el abandono de un sector importante de la población por parte de las autoridades. Como otros artistas, decidió instalarse en Nueva

Orleans, lugar de llegada de gente creativa que huye de otros destinos más *sofisticados* para vivir en una atmósfera donde el arte y la cultura tienen poso y generan comunidad. Su nombre artístico, Emperatriz Punk del Afro-Rock, fue idea de un mánager neoyorquino: «En la comunidad jamaicana me llamaban emperatriz, porque allí por la calle te llaman reina o emperatriz de forma cariñosa, y un mánager me denominó Emperatriz del Punk, porque me gusta Pink Floyd y la música que fue pionera del punk… Además, he creado mi propio estilo dentro del *rhythm and blues* y estoy abierta a muchos sonidos —dice con una enorme sonrisa porque, según asegura, esa etiqueta le gusta—: Tiene que ver con mi música y mis orígenes». Está orgullosa de ese nexo que siempre tuvo el punk con el *reggae* jamaicano: «En Brooklyn hubo una conexión cultural con la emigración jamaicana muy importante, como en Inglaterra». Un grupo que ejemplificó ese encuentro en Reino Unido fue The Clash, aunque todo el punk británico estableció esa relación compartiendo bares y clubes donde sonaban *ska* y *reggae*. Bob Marley, que en 1977 vivía en Londres, dedicó una canción a esa alianza: «Punky Reggae Party».

La revista *OffBeat Magazine* se refirió a la música de Cole Williams como una combinación entre «el corazón de Bob Marley, el alma de Sam Cooke y el lamento de Etta James». En el artículo también mencionaban a Cole Williams como «un cruce entre Grace Jones y *la chica del piso de al lado*, una combinación improbable que solo tiene sentido si tu vecina es una de las músicas más destacadas de Nueva Orleans».[97] Un combinado atómico de estilos y personalidades que describe bien los ritmos que rigen su sonido y la proyección de Williams como artista. «Toda la música está relacionada. Pienso en Grateful Dead, Nina Simone o Fela Kuti, que son artistas que me han influido.» Para Cole, el directo es el lugar donde se muestran más claramente esas sinergias y encuentros de estilos: «Tengo algunos temas que pueden durar veinte minutos, porque nos metemos en la canción y podemos tirarnos un montón de tiempo, me gusta tocar todos los instrumentos, teclado, percusión... Escribo una estructura, pero digamos que está abierta a lo que pueda pasar una vez que comienza un concierto».

Esa concepción de que todo puede ocurrir, también en el día a día, le produce una energía que trasmite en su música y en su concepción como artista. Williams está comprometida con su comunidad y es activa en la lucha de los movimientos sociales. Durante la pandemia se han manifestado cada mañana frente al ayuntamiento de la ciudad exigiendo solución habitacional y asistencia médica para las personas sin hogar. «Lo realmente potente de lo que estamos haciendo es que la misma gente que vive sin hogar viene todos los días a la protesta y se construye una confianza mutua. No sabemos su historia ni cómo han llegado allí, eso no es lo importante. Lo realmente importante es que estamos unidos reclamando nuestros derechos. A partir de ahí, podemos hacer muchas cosas juntos.» La entrevista se realiza precisamente justo después de una de esas jornadas de protesta. «Si no podemos proteger a todos los ciudadanos, no podemos garantizar que se vaya a terminar con la pandemia.» Esa lucha por la gente sin hogar de la ciudad comenzó poco antes de que estallase el coronavirus, pero el llamamiento al distanciamiento social y el abandono de los ciudadanos pobres por parte de las instituciones acrecentó las demandas por las que venían luchando. «Es lo que pasa cuando sitúas a la humanidad en un negocio en el que la economía va por delante de la gente, para el poder somos personas desechables», señala con firmeza.

En esa deriva de abandono institucional deliberado, no tiene dudas de que Estados Unidos es un país atravesado estructuralmente por el racismo y que la cuestión racial es fundamental para analizar la pobreza. «En este país siempre hubo cuestiones de raza, la gente blanca nunca ha cuestionado su situación de privilegio. Tenemos que enseñar al opresor, pero como oprimidos no podemos pensar que esa es nuestra única realidad, yo no he nacido para ser esclava, ni para que se me considere menos que nadie, por racismo, machismo, misoginia o por mi edad... No es aceptable, puedo ser lo que yo quiera, productora, compositora o líder de una banda, los obstáculos hay que derribarlos y hay que construir humanidad en cada paso.» No separa su condición de artista de su compromiso activista: «Estamos trabajando desde el corazón, queremos hacer conciertos donde todo el mundo tenga derecho a disfrutar de la música y pasarlo bien».

En ese punto, Cole añade cómo su trabajo está vinculado a las luchas de Black Lives Matter: «Cualquier causa, cualquier pasión, llega hasta los individuos que hay detrás. Y en el caso de la gente sin hogar hay todo tipo de circunstancias. Hay gente que solo necesita que les hables, o que necesitan terapia, o tan solo una pequeña ayuda para pagar el alquiler..., pero sobre todo lo que nos interesa es que sepan que nos importan como personas. Y la realidad es que a quien más afecta la situación de la pobreza en Estados Unidos es a la gente negra, y nuestra lucha es precisamente decir que las vidas negras importan, que no es casualidad que sea la comunidad afroamericana la que más está sufriendo con la COVID-19 y la pobreza. Que esa situación de desigualdad tiene que cambiar».

Tres meses después de la entrevista con Cole, en agosto de 2020, el colectivo para el que ejerce como portavoz para los medios de comunicación, The Greater New Orleans Citizens Relief Team, consiguió alojamiento en hoteles de la ciudad para las personas sin hogar. Una conquista de derechos producto de la «acción directa» tras las continuadas manifestaciones frente al ayuntamiento de la ciudad. La lucha actual del colectivo es lograr la cesión de casas abandonadas —todavía quedan muchas destrozadas por el Katrina— para que se conviertan en viviendas estables, una alternativa habitacional sostenible que sea horizonte de «refugio y vida» para las personas sin hogar, un paso para acabar con situaciones de pobreza enquistadas: «El plan del GNOCRT es ayudar a las personas que actualmente no tienen vivienda a participar en la reconstrucción de casas abandonadas y aprender a construir comunidades que puedan ser autosuficientes frente a la enfermedad y la pobreza impuesta». En su estrategia han tejido alianzas con asociaciones de estudiantes de las universidades negras, organizaciones religiosas y otras instituciones para realizar actuaciones musicales y actos informativos a favor de la lucha de las personas sin hogar.

Su compromiso con la música, explica Cole Williams, solo lo entiende desde un punto de vista «político», una relación que —según cuenta— ha encontrado su sentido con más potencia desde que vive en Nueva Orleans. «Este es el lugar de nacimiento de la música americana. Desde que vivo aquí he introducido muchos sonidos, como si todo tuviera una conexión que tiene que ver claramente con África. Lo aprecio muy claramente si pienso en mi cultura jamaicana, porque tiene bailes muy similares a los de aquí, con las mismas partes del cuerpo que acentuamos. Mi familia es cristiana estricta, pero, cuando empieza la música, saben cómo bailar», dice mientras sonríe y prepara un segundo cigarrillo. Si piensa en el trabajo que realiza con su banda y la relación con los sonidos de la ciudad, responde como en una ráfaga: «Creo que Nueva Orleans tiene *swing*, hay un sentimiento de comunidad, las *secondlines*, las *brass band*…, sientes que la gente está en lo mismo. No solo están tocando la música, están tocando el *feeling*, el sentimiento, la tradición…».

La relación con la tradición —señala— es abierta: «Mi música no es tradicional de Nueva Orleans, pero cuando pienso en Mahalia Jackson o Louis Armstrong, que salieron a expandir su música por el mundo, los veo como creadores de un sonido específico y, al mismo tiempo, siento que este es el lugar de nacimiento de la innovación y la improvisación. Mi música sí tiene el *swing* de Nueva Orleans y en ese sentido sí tiene que ver con la tradición». En ese punto de la explicación se detiene y respira profundamente antes de reiterar sus sentimientos: «Siento el *swing*, la conversación que flota en el ambiente, cuando estoy con otros músicos de aquí. Hay una sensación de comunidad cuando estamos tocando juntos, porque en ese momento todos sentimos que realmente estamos unidos, que hay de verdad una comunión —y enfatiza—: Tiene que haber relación con la estructura, con el sentido de la música, pero la música se compone en el momento, con todo el mundo en el escenario». Hace una nueva pausa, sonríe abiertamente y concluye su respuesta con una idea de la que se siente satisfecha: «Nueva Orleans está en mi música porque me permite ser libre».

Cole Williams diseña una línea propia de joyería y ropa que promociona junto a sus producciones. Para ella la estética juega un factor importante en lo que quiere mostrar de sí misma ante la gente, una reivindicación que tiene también que ver con el punk. «Sí. La idea es hacer un espectáculo cuanto más grande, mejor, y eso es muy propio de una actitud relacionada con la música. Esa actitud estética es también muy de Nueva Orleans, poner mi expresión en relación con mi cuerpo. James Booker con su parche en el ojo, Dr. John con sus sombreros, sus colgantes, su bastón…, o Allen Toussaint con sus elegantes y llamativos trajes… La ropa es una extensión de uno mismo, no es simplemente ponerse una chaqueta cara o colorida, es una expresión de tu propia creatividad, lo puedes ver y sentir. Como los *indios* de Mardi Gras, que se tiran todo el año cosiendo sus vestidos, o las *baby dolls*, con sus trajes y sombrillas.»[98] Cole vincula a las luchas de liberación de la comunidad afroamericana también esa forma de vestir, lo que se manifesta en la *secondline* por medio del vestuario de los clubes que organizan el evento: «El domingo era el día en que los esclavos podían tener cierta libertad, se vestían de manera elegante con lo que podían. Hay una conexión con la cultura africana y su relación con el cuerpo, también es un signo de elegancia; en los clubes dicen que la música siempre ha sido parte de la diáspora africana, y es real, desde los bebés hasta las personas mayores visten de manera especial. La *secondline* es sentirse libre». La espiritualidad es una clave en ese recorrido paralelo de música y liberación: «Iba a la iglesia tres veces por semana. No me considero religiosa, pero es importante rezar y sentir aprecio por las demás personas. Hay historias preciosas en la Biblia y me gusta leerlas y hablar de ellas y ver cómo podemos hacer una interpretación actualizada, tiene que ver con estar pegado a lo terrenal y pensar que hay algo más grande, la espiritualidad tiene que ver con la humanidad».

Esas sensaciones las recogió en un álbum que lleva por título *Believe*. En su web se define el disco como «una mezcla intencionada y ecléctica de *dub*, *soul* psicodélico, música en vivo, electrónica, *blues* y ritmos al estilo del rock africano». Una declaración de intenciones, que, según Cole, tiene todo el sentido de Nueva Orleans, pero que además manifiesta un mensaje universal, una afirmación que relaciona con su activismo: «Después de empezar a trabajar con la gente sin hogar, he ampliado mi horizonte, estoy trabajando en nuevos temas, creo que es un buen momento para sacar música, como en los años setenta, que refleje los tiempos. No sé si todo lo que sale musicalmente refleja lo que está ocurriendo ahora, pero creo que el poder de la música es soñar también con una nueva realidad». Esa idea se materializó a finales del año 2020, cuando —en paralelo a la conquista de vivienda provisional para las personas sin hogar en hoteles y el proyecto de reconstrucción de viviendas abandonadas— Cole Williams presentó un nuevo trabajo: *Give Power to the People*, un homenaje a la tradición literaria y musical de Gil Scott-Heron, para el que creó canciones que reflejan «las experiencias y esperanzas cotidianas de las personas negras de todo el mundo». El disco, explica, «son himnos del movimiento por las vidas negras y, sin duda, para las personas que luchan por dar sentido a este peligroso y esperanzador momento».

En sus actuaciones, un tema destaca entre los demás: la adaptación del clásico de Sam Cooke «A Change is Gonna Come». El tema se publicó en 1964, poco antes de la muerte del cantante, y fue bandera del movimiento por los derechos civiles. «A Change is Gonna Come» denuncia la discriminación y el racismo del momento, especialmente en los estados del sur del país. Cooke fue arrestado en octubre de 1963 por intentar alojarse con su banda en un hotel «solo para blancos» de Luisiana. El final del tema es toda una declaración de esperanza: «It's been a long / A long time coming / But I know, a change gonna come / Oh, yes it will».*

Cole Williams admite que tocar esa canción le produce una energía especial y su adaptación, con una voz profunda, alargada y alegre, revela de alguna forma hasta qué punto el mensaje que transmite es fundamental para ella: «Empecé a cantar "A Change is Gonna Come" cuando me mudé aquí, y me sorprendió lo mucho que le gustaba al público. Mucha gente necesitaba escuchar esa letra de nuevo, como yo, y creo que cantando ese tema es cuando realmente he descubierto que la música puede poner en conexión a todo el mundo. Es un homenaje a una de mis inspiraciones musicales, como es Sam Cooke, y una inspiración también para la lucha por los derechos civiles. Y todo lo siento como un camino. Tiene que ver con las generaciones anteriores y su lucha, con mi propia generación y con la generación que vendrá y escuchará mi música. Espero que mi música le guste a la generación que viene después de mí, ya sabes, que toquen mi música, que pillen mi sonido y avancen». Y apunta como final de la conversación: «Esa profundidad de conocimiento es nuestra herencia, es parte del camino, para que nunca podamos olvidar, para que siempre podamos recordar de dónde venimos y hacia dónde vamos, porque el cambio se aproxima».

---

*Ha tardado mucho, / mucho tiempo en llegar. / Pero sé que el cambio llegará. / Sí, llegará.

CAPÍTULO 11
El maravilloso mundo de Oz

«Con dieciséis años escuchaba WWOZ, especialmente los sábados y domingos, que era cuando hacían programas recopilatorios. En la universidad pude hacer mis prácticas en la radio, luego trabajé en el primer canal de televisión en español de Nueva Orleans y después, alrededor del año 2000, me llamaron para trabajar aquí.»[99] Lo cuenta Jorge Fuentes, que trabaja en la emisora WWOZ y nos invita a una visita guiada por las instalaciones. El nombre de la radio alude al mago de Oz.[100] La primera W explica también la referencia geográfica: en Estados Unidos las radios de la costa este, a partir del río Misisipi, comienzan con la letra W, y las del oeste, con la K. Fuentes describe con exquisita hospitalidad cómo funcionan, mientras saluda a gente que anda de un lado a otro en un ambiente concurrido de músicos y voluntarios. La emisora tiene tres estudios de grabación y una pequeña sala circular equipada con cámaras de vídeo donde se pueden grabar actuaciones en directo que suben a sus redes sociales.

En el local hay movimiento un miércoles a media tarde. Los estudios están ocupados por gente de diferentes edades, se percibe buen rollo y en el espacio común de la emisora, donde está también la cocina, hay una tertulia acompañada de tazas de café entre la gente que espera para entrar a grabar o emitir. La conversación fluye sobre gastronomías y sonidos de otros lugares del mundo. «Nueva Orleans fue un puerto importante, como Nueva York, Liverpool o Buenos Aires, aquí confluyó música de muchos lugares, que llegó también para quedarse, por eso nos interesan todo tipo de ritmos, es lo que nos define», dice George Ingmire, conductor del programa *New Orleans Calling*. En WWOZ hay interés colectivo por la búsqueda de sonidos. «Manejamos unos diecisiete géneros musicales, o subgéneros, si se quiere decir así —explica Fuentes—, y no hay límites para la música que quiere poner cada uno.» Pero, según él, sí hay un estilo que define a WWOZ: buscar las raíces y hacer un seguimiento de las trayectorias. «Contamos qué músicos estuvieron en un trabajo u otro, dónde han ido, con quién han tocado, a los aficionados a la música estas cosas nos interesan.» La música es libre, algo que Jorge Fuentes relaciona con la lógica de *El Mago de Oz*: «Tratamos de dejar que la música se explique ella sola».

Al igual que en sus orígenes, WWOZ continúa como emisora comunitaria e independiente: «La radio comenzó como un foro para los músicos locales, que en aquel entonces no tenían cómo difundir su material. Y así seguimos, no se rige por las reglas de una emisora comercial y no hay control gubernamental. Nuestros oyentes son parte intrínseca de lo que hacemos, nos dan la pauta y les gusta que presentemos música nueva». Ese trabajo de fortalecer la escena local es una de las labores más valoradas. «Por ejemplo, si quieres escuchar la música de las *brass band*, somos prácticamente los únicos que emitimos programas en los que están presentes y se habla de nuevas formaciones. Para esas bandas, estar en nuestra emisora es una carta de presentación cuando luego van de gira.»

Son varias las entidades que colaboran con la radio. Desde 1987 se encuentra bajo el paraguas legal de The New Orleans Jazz & Heritage Festival and Foundation, entidad que organiza el festival de jazz de la ciudad, mantiene un importante archivo y realiza multitud de actividades a lo largo del año. Aunque la radio vivió alguna convulsión interna a lo largo de su vida, Fuentes insiste en el papel del locutor de WWOZ como «facilitador» de la música: «Nosotros no damos ninguna pauta específica. Hay libertad para elegir lo que cada quién quiere poner». Una radio que emite para *dar poder* a la gente a través de la música, un lugar donde los artistas de la ciudad se mueven con libertad y confianza. Con esa intención nació, dentro de un modelo de radio comunitaria que se extendió por varias ciudades de Estados Unidos.

La historia comenzó en diciembre de 1980, cuando WWOZ logró la licencia para emitir. Era una apuesta personal de los hermanos Jerry y Walter Brock, que llegaron de Texas convencidos de que Nueva Orleans era el lugar idóneo para montar una radio comunitaria. Admiradores de músicos locales, desde Jelly Roll Morton a Dr. John, se habían instalado con su enorme colección de discos en la ciudad en la década de 1970, precisamente cuando la ciudad, en muchos estilos y direcciones, era un hervidero de músicos en estado de gracia. Además, Nueva Orleans tenía dos grandes eventos anuales que eran un tesoro de contenidos para una radio como la que estaban poniendo en marcha: Mardi Gras y el JazzFest. El nombre que eligieron era una invitación a la imaginación: *The Wonderful Wizard of Oz*. Les dieron la licencia con la condición de que empezaran a emitir en las siguientes veinticuatro horas, de modo que recopilaron grabaciones caseras y las soltaron al aire desde un pequeño puesto de repetición que habían logrado instalar en una torre de comunicaciones, con una primera señal muy precaria. Poco después se trasladaron al almacén del club de música en vivo Tipitina's. Un espacio pequeño, atiborrado de cajas de bebidas, en uno de los locales con más solera de la ciudad y en cuyos fondos siempre había ajetreo. Allí los hermanos consiguieron montar de manera casi artesanal un equipo, reciclando aparatos de gente que se ofreció para echar una mano. En sus primeros años emitían conciertos que se realizaban en Tipitina's deslizando un micrófono por un agujero en el suelo que daba al escenario. Además, aprovechaban para hacer entrevistas antes de los conciertos a los músicos que pasaban por la guarida de Professor Longhair.

En 1984 la radio se trasladó hasta un antiguo edificio de madera dentro del Louis Armstrong Park conocido como The Treehouse, junto al barrio de Tremé. Cientos de personas esperaron en la puerta para marchar en caravana hasta el parque para allí organizar un festival en el que actuaron, entre otros, The Meters, la banda instrumentista por excelencia de la ciudad y uno de los estandartes del sonido de Nueva Orleans. El edificio, ahora vacío pero aún con el letrero de la radio, permanece en el parque. Rodeado de árboles y jardines, a pocos metros de Congo Square, era el paraíso para una emisora comunitaria. Aquella sede fue la consolidación de la radio, los maravillosos ochenta, y desde allí disparó su presencia en la ciudad y su alianza con la comunidad de músicos con el lema de «WWOZ The Sound of New Orleans». Muchos artistas se enrollaron con la idea e hicieron de la radio su segundo hogar. El particular y polémico Ernie K-Doe, «Emperador del Universo», tuvo un programa —*Burn, K-Doe, burn!*— y artistas como Ellis Marsalis, Irma Thomas o Allen Toussaint fueron siempre fieles a la emisora. La idea de construir una comunidad unida a ambos lados del micrófono funcionó y WWOZ se convirtió rápidamente en mosaico de voces y sonidos, lugar de encuentro para escritores, cineastas, musicólogos, historiadores, *indios* del Mardi Gras y diferentes familias creativas. «Era, literalmente, un oasis de música. Un mundo separado al que accedías cuando entrabas en el patio y en el edificio. Era una separación mágica entre el mundo real y un mundo dedicado totalmente a la música de Nueva Orleans», apuntaba en un artículo sobre esa época dorada de la emisora «Big D» Dennis Schaibly, que tuvo un programa entre los años 1992 y 2000.[101]

El «oasis» de WWOZ no era un caso aislado. Estaba influido en su origen por Lorenzo Milam, un personaje de la contracultura estadounidense de la década de 1960. Milam fue un *gurú* de las radios comunitarias en su país, creó un entramado de emisoras con espíritu cooperativo por todo Estados Unidos, con una filosofía similar a las radios libres en Europa o las emisoras comunitarias en América Latina. Su idea era establecer repetidores en distintas ciudades que abriesen las puertas a la participación de la gente, con el apoyo de comunidades que garantizarían la variedad de la programación. Un sistema de apoyo mutuo para la creación de radios implicadas con el territorio y económicamente independientes. Una de las ideas de Milam era que la radio comunitaria tenía que estar «comprometida con la democracia —y, como declaración de principios, señalaba—: El ideal es que nuestros amigos, vecinos y comunidad estén informados, que sus historias sean inspiradoras, y que otras personas también puedan aprender a ser locutores».[102] Recogió sus planteamientos en un libro que fue una biblia para activistas radiofónicos de la época: *Sex and Broadcasting: A Handbook on Starting a Radio Station for the Community*. Una guía práctica acerca de cómo legalizar una emisora en la que analizaba los elementos que, a su juicio, eran necesarios para garantizar su viabilidad. Milam, que firmó algunas de sus proclamas como Joseph Trotsky Milam, apostaba por poner en valor la diversidad como pieza fundamental: «Hay un sonido extraño y maravilloso que haces con tu vida, cierto pulso que fluye a través de tus actividades diarias; y cada lugar tiene sus propios ritmos».[103]

En sus cuarenta años de historia, WWOZ ha sufrido cambios. Quedó muda, como toda la ciudad, cuando llegó el Katrina en agosto de 2005, pero regresó con la intención de reforzar su compromiso ciudadano y dar voz a la gente de Nueva Orleans para que contara sus historias después de la tormenta. El deterioro del local por el paso del huracán los obligó a un nuevo traslado, esta vez a unas oficinas del French Market, donde continúan de manera estable. El patrimonio acumulado por la emisora está protegido y tiene un peso de enorme valor en la historia de la música de Luisiana. Por sus micrófonos han pasado prácticamente todos los músicos de la escena local, con sus canciones, composiciones, arreglos y voces. También con sus risas y penas. Un caudal de sabiduría del que Nueva Orleans puede presumir. Un viaje radiofónico por una cultura especial en un mundo donde lo habitual, precisamente, es dar la espalda a sonidos ajenos y levantar barreras frente a las diferencias.

La radio logró trasmitir a la audiencia esa sensación de cercanía a lo largo de los años. En 1989 Bob Dylan se trasladó a la ciudad para grabar el disco *Oh Mercy*. Se instaló en Audubon Park y alquiló una antigua mansión colonial como estudio de grabación. La realización del disco, vigésimo sexto de su carrera, fue compleja, como él mismo, y se prolongó durante un par de meses. En su libro de memorias, *Crónicas i*, Dylan cuenta cómo en esos días se enganchó a escuchar WWOZ y cuáles eran sus preferencias: «En la casa de Audubon Place estaba siempre la radio encendida en la cocina y sintonizada a la WWOZ, la gran emisora de Nueva Orleans que pone *rhythm and blues* de los primeros años y góspel rural. Mi pinchadiscos favorito, con diferencia, era Brown Sugar, una mujer. Su programa se emitía de madrugada, y ella ponía discos de Wynonie Harris, Roy Brown, Ivory Joe Hunter, Little Walter, Ligh-tin' Hopkings, Chuck Willis, todos los grandes. Me hacía mucha compañía cuando todo el mundo dormía. Brown Sugar, quienquiera que fuera, tenía una voz áspera, pausada, soñadora y melosa. A juzgar por su forma de hablar era grande como un búfalo. Divagaba, atendía llamadas de teléfono, daba consejos amorosos y ponía los discos. Me preguntaba qué edad tendría y si sospecharía siquiera que su voz me cautivaba y me llenaba de paz interior y serenidad, sanando mi frustración. Me relajaba escucharla, con la vista fija en el aparato de radio. Dijera lo que dijese, yo podía ver cada una de las palabras a medida que las pronunciaba. Era capaz de escucharla durante horas. Me habría encantado meterme de lleno en el lugar donde ella se encontraba, estuviera donde estuviese».[104] A Dylan esa sensación le conectaba con su infancia: «La WWOZ era el tipo de emisora que solía escuchar por la noche durante mi adolescencia, por lo que me transportó a mi atribulada juventud al revivir el espíritu de esa época. En ese entonces cuando algo iba mal, la radio te daba una palmadita en el hombro y te levantaba los ánimos». Y habla también de una emisora de *country* y otra de jazz que escuchaba en esos días para señalar: «En Nueva Orleans se hallaban las mejores emisoras del mundo».[105]

En esa lógica de acompañar radiofónicamente, de *atrapar* a la audiencia para que se sintiese mejor durante la pandemia de la COVID-19, WWOZ fue altavoz de medidas de precaución para la población y mensajes de apoyo a la comunidad artística local, muy tocada por el cierre de locales de música en directo y la suspensión de eventos. Alteró la programación habitual y organizó el Jazz Festing in Place 2020 y 2021, una colaboración entre los organizadores del festival y la emisora para emitir actuaciones de diferentes ediciones en sesiones regulares. Puso en valor la calidad de su descomunal archivo sonoro. Al mismo tiempo, pidió a sus oyentes que colgaran en redes sociales recuerdos del festival y la radio con mensajes de apoyo. La respuesta llegó desde distintos puntos del planeta y sirvió como lugar de encuentro de oyentes a pesar de la distancia y las malas noticias. También WWOZ sufrió los efectos de la pandemia: DJ Jesse Midnight Creeper Hathorne, uno de sus locutores más carismáticos de los últimos años, con un programa de *blues* que emitía de madrugada, falleció por el virus el 3 de mayo de 2020, con setenta y un años.

A pesar de los cambios y las dificultades, la radio ha logrado sobrevivir a todo tipo de circunstancias y mantenerse en pie. Actualmente, en WWOZ participan entre doscientos y trescientos voluntarios y alrededor de sesenta y cinco locutores por semana y unas veinte personas trabajan a tiempo completo. Jorge Fuentes se siente orgulloso del lugar que ocupan en la ciudad, para él son una parte fundamental del tejido cultural de Nueva Orleans, una referencia que pone sonido al ritmo cotidiano de la ciudad de Luisiana. Fuentes nació en El Salvador y se trasladó a Nueva Orleans con su familia a finales de los años ochenta, cuando su país se encontraba inmerso en el conflicto interno entre el Gobierno y la guerrilla del FMLN. Está agradecido con su destino: «Tuve suerte de venir aquí, en esta ciudad la música está en todas partes», señala con orgullo, y cuenta que una parte de la idiosincrasia musical de la ciudad la aportaron los desfiles de las bandas militares, muy de moda a principios del siglo XX, entre las que tenían mucho éxito las formaciones mexicanas, algunos de cuyos intérpretes se instalaron en la ciudad. Para él, ahí hay una parte importante de la herencia cultural de la comunidad latina de Nueva Orleans.

Fuentes, que toca el bombo en una *brass band*, desfiló en 2019, antes de la pandemia, en el Mardi Gras, una de sus grandes pasiones, un símbolo de la forma de vida en la ciudad y la principal fecha de referencia en su calendario: «La música aquí es una cuestión dinámica, interactiva, no tiene nada que ver con estar sentado pasivamente, aquí se toca para hacerte vibrar y que tu cuerpo sienta la música». En relación con los acontecimientos políticos que vive el país, prefiere ser cauto y poner en valor el trabajo que hace a través de la radio: «La música es un idioma universal. Tiene la función de unirnos, es un lazo de unión estemos donde estemos. Ese es el poder que tiene, a pesar de lo que esté pasando con la política en cualquier lugar del mundo». Antes de finalizar la visita a los estudios de WWOZ, a modo de confesión íntima y despedida, Jorge Fuentes deja un último apunte con tono cómplice: le encanta toda la música de Nueva Orleans, pero también es fanático de «Joaquín Sabina y Camarón».

CAPÍTULO 12
Black Panther Blues

La casa de Malik Rahim es una vivienda unifamiliar de una sola
planta, con un porche de entrada de cuya verja a media altura
cuelga un letrero que advierte «Beware Dogs» y un pequeño
patio en la parte trasera, donde están dos rottweilers con
pinta de pocos amigos, al menos al principio. Como muchas
construcciones de Algiers, la casa tiene forma de corredor. Frente
a su vivienda están los diques que se desbordaron con el Katrina,
con una valla metálica de poco más de dos metros que impide
el paso. Nos citamos la noche del 7 de noviembre de 2016 en su
casa. La calle está desierta, solo pasa un coche de la policía a
poca velocidad. De las paredes de todas las habitaciones cuelgan
recortes de prensa, pósteres y panfletos del Black Panther Party
y de las luchas que protagonizaron los movimientos sociales en
la ciudad a partir de la década de 1960. Su casa es un museo de
las actividades políticas en las que participó Rahim, un espacio
para la memoria activista de la ciudad, que mezcla recuerdos
personales y colectivos. Además de referencias sobre el Black
Panther Party, hay abundante información sobre el colectivo
Common Ground, que se formó tras el huracán Katrina y del que
Rahim fue uno de los fundadores, y sobre diversos momentos de
su vida, como cuando fue candidato a alcalde de la ciudad por el
Partido Verde en 2002 con el lema «Vote for Change».

En un recibidor junto a la cocina está el equipo de música
de Rahim. Lo tiene a buen volumen para que se escuche desde
todas las habitaciones de la casa. Cuando llegamos, está sonando

una versión del tema de Bill Withers «Ain't no sunshine» de un disco recopilatorio de *blues* del Delta que le grabó una amiga: «Soy una pura contradicción, tengo un nombre musulmán, pero no soy musulmán…, y soy un *rasta* al que solo le gusta el *blues*…, escucho *reggae*, pero me apasiona el *blues*. Me encanta el *blues* del Delta, el del Bayou», dice entre risas. «Mi favorito es Johnnie Taylor, JT, amo a JT y a Howlin' Wolf, y después supongo que B. B. King, porque revolucionó el *blues*. Igual que Louis Armstrong revolucionó el jazz, él llevó el *blues* a un nivel que se salía de los márgenes… —y, mientras se acaricia su blanca barba, de la que asoman, como en el conjunto de su pelo, pequeñas rastas, añade con una enorme sonrisa—: Creo en el poder de la gente y en el *blues*.»

El encuentro en la casa de Malik Rahim es la noche antes de las elecciones que darían la victoria a Donald Trump en noviembre de 2016. No tiene grandes esperanzas sobre nada de lo que pueda venir desde la Casa Blanca, para él lo fundamental es el trabajo comunitario; en su opinión, la alternativa de Hilary Clinton beneficia a los mismos intereses que Trump, a las grandes corporaciones que «dirigen realmente el país». Malik Rahim nació en 1948 en Algiers, una de las zonas de la ciudad en las que los Mardi Gras Indians son tradición: «Vengo de una comunidad de resistencia; una comunidad descendiente de los cimarrones, es decir, de quienes han resistido siempre. Si conoces la historia de los *indios* de Mardi Gras, es la historia de la lucha de los cimarrones. Y ese es el tipo de comunidad a la que pertenezco». Las personas negras que lograban escapar de las plantaciones y se asentaban en los pantanos para evitar la explotación, los azotes y la muerte se convertían en cimarrones. Si volvían a ser capturadas, los castigos eran terribles y solían terminar en palizas y torturas mortales. En esas comunidades de prófugos, con la ayuda en muchas ocasiones de los pueblos nativos americanos y emigrantes francófonos, se construyó una población autóctona difusa de parias y rebeldes. Desde allí protagonizaron a lo largo de la historia revueltas y levantamientos. Malik se refiere a sí mismo como descendiente de los *maroons*, el nombre por el que eran conocidos los asentamientos de refugiados que escapaban de la esclavitud, no solo en Luisiana, también en el conjunto del Caribe, con importante presencia en Haití —donde fueron parte fundamental del levantamiento anticolonial—, en Jamaica o en Cuba. Ese origen en una comunidad rebelde es el que ha marcado su trayectoria. Lo cuenta en la cocina, con una luz blanca que ilumina la estancia, sentados alrededor de una mesa camilla. Rahim tiene voz grave y profunda, habla con ritmo reposado, alargando cada palabra, mirando a los ojos en cada respuesta, con gesto amable y tranquilo. La conversación está acompañada de varias tazas de té y vasos de agua que vierte directamente de una garrafa. Desde la verja que separa la cocina del patio trasero, los perros escuchan la conversación con atención, sentados sobre sus patas traseras.

Rahim se queja con cierta amargura de que se está perdiendo la historia de su gente. Su tristeza es relativa, porque dice que su comunidad nació para luchar y no rendirse nunca: «La verdadera tragedia es la pérdida de nuestros humedales. Cuando era niño, teníamos zonas... ¿Alguna vez viste esas películas o programas de televisión donde salen los cazadores de caimanes? Pues ¡nosotros fuimos quienes los enseñamos a cazar caimanes! —y sonríe antes de añadir—: Así que, ya sabes, esa fue nuestra historia, un cimarrón era capaz de sobrevivir en el Bayou, en los pantanos, y para eso había que conocerlo bien, pero ahora hay áreas que existían cuando yo era un niño que ya han desaparecido, bueno, han sido arrasadas». Parte de su lucha de las últimas décadas está también dedicada a la ecología, se lamenta de cómo se han destrozado los terrenos donde antes vivían y de la contaminación de la naturaleza y sus recursos.

El Bayou Country era el terreno donde vivían los pueblos nativos americanos de este territorio antes de que llegase la colonización y la esclavitud. A partir de ahí, tuvo múltiples influencias a lo largo de su historia. Allí estaban asentados los choctaws, que se alimentaban de lo que pescaban en ríos y pantanos. Además, la orografía de la zona, con zonas frondosas de vegetación y pequeños islotes rodeados de agua, sirvió como lugar de refugio y escondite a las personas esclavas que escapaban. Fue en el Bayou donde muchas de estas personas que lograban huir se atrincheraron después de escapar de las plantaciones donde eran explotadas. «Siempre tuvimos esa cosa en nuestra comunidad de saber que cualquier esclavo se convertiría en un cimarrón, así que tuvimos la bendición de ese conocimiento interno», afirma Rahim. El Bayou era una zona de habla francesa porque, además de la propia presencia en Luisiana de colonos franceses, a ese lugar llegaron también emigrantes de las colonias francófonas de Canadá y muchos libertos que provenían originalmente de Haití. Allí se produjo una combinación de tradiciones con fuerte presencia de la cultura criolla. La música más asociada con el Bayou es el *zydeco*, una mezcla de *blues*, cajún y ritmos africanos. El instrumento dominante más destacado del *zydeco* es el acordeón y es habitual que esté acompañado de violín. El plato más genuinamente autóctono es el *gumbo*.

Malik Rahim pone en conexión esa cultura tradicional *bayou* con las luchas en las que se involucró a lo largo de su vida. «Creo firmemente, porque así ha sido mi experiencia en la vida, que puedes vencer a un individuo, pero que no se puede vencer a un colectivo. Da igual lo malo que seas: puedes vencerme a mí, pero apuesto a que no puedes vencernos a nosotros cuatro. Por eso soy un firme creyente en el espíritu colectivo, que es lo único que puede hacerte sobrevivir —afirma categórico antes de añadir—: Vengo de una comunidad de cimarrones, y durante la esclavitud ser cimarrón fue una sentencia de muerte. ¿Cómo sobrevivimos? Porque vivíamos en colectivo, no vivíamos como individuos. Así fue como pudimos sobrevivir a las dificultades del sistema de Jim Crow aquí, en el corazón del racismo del sur.»

Sonríe de nuevo antes de decir: «Hay una canción de

Mardi Gras llamada "Indian Red" que habla de eso...: "No me inclinaré", antes me corto la pierna, y con eso quiero decir que, si soy capturado, no voy a delatar a nadie, no voy a aceptar ningún arreglo. No seré un esclavo..., tienes que hacer lo que tienes que hacer y ese es el código». «Indian Red» es una canción con la que suelen empezar y acabar las marchas de las paradas del Indian Mardi Gras. Muy popular en Luisiana, fue grabada por primera vez en 1947 por Danny Baker,[106] otro de los héroes musicales de Nueva Orleans, así como por músicos como Dr. John, Wild Tchoupitoulas o Cyril Neville. La canción honra la amistad de los nativos americanos con la comunidad afroamericana que escapaba de la esclavitud, y es un himno de confraternización entre las dos culturas, pero también una declaración de guerra contra el hombre blanco: «No nos inclinaremos, no en ese suelo».

Dentro del ritual *indian*, esa canción es fundamental; es una apelación al combate, que empieza en lenguaje *creole* con un llamamiento a no rendirse y a ensalzar el respeto por el *Big Chief*, el líder de cada agrupación. También se suele cantar como canción reivindicativa cuando aparece la policía con pinta de querer fastidiar la fiesta. La canción ha generado también una reflexión sobre el uso del lenguaje. En Estados Unidos hay un debate abierto que trata de desterrar palabras que puedan herir la sensibilidad de una comunidad u otra. En un programa de la radio pública estadounidense NPR, Cherice Harrison-Nelson, maestra de escuela, hija y hermana de los jefes *indios* del Mardi Gras y reina de la tribu Guardians of the Flame, explicaba: «No está bien que cantemos "Indian Red", porque sabemos que no es así. No sé cuántos nativos americanos se llamarían a sí mismos *red indian*. Todo lo demás de la canción me encanta. Cantamos "Guarding the flame" en su lugar, y eso es lo que enseñamos a nuestros hijos».[107] En el programa de NPR, se definen el tema como «un himno para los buenos y los malos momentos». Para Malik Rahim, esa canción es un código que llevan en su sangre los *maroons* y que está presente en toda la tradición que reivindican: «Ahora muchos jóvenes ni siquiera conocen la historia de su código, pero ese es el código que los guía. Así que, en aquel momento, para nosotros, los Black Panthers de Nueva Orleans, fue fácil porque veníamos de esa tradición, teníamos la conciencia de la lucha colectiva, nuestra pregunta entonces era: "¿Cómo podemos sobrevivir? ¿Cómo podemos partir de lo que tenemos para conseguir lo que necesitamos?"».

El Black Panther Party nació en Oakland en 1966, como un proceso de autoorganización dentro de la comunidad afroamericana. Su presencia prendió como una mecha y se extendió rápidamente por la mayor parte de las ciudades del país. A partir de 1969 organizaron programas de desayuno gratuito que alimentarían a miles de escolares, crearon centros de salud, espacios comunitarios, reparto de ropa de manera gratuita, grupos de abogados para defenderse de «caseros, servicios sociales y policía», grupos culturales de reivindicación de la diáspora africana, además de un periódico propio: *The Black Panther Community News Service*. Malik entró en el partido desde su implantación en Nueva Orleans, a principios de 1970, en un tiempo en el que la represión contra los líderes del movimiento de liberación afroamericano era indiscriminada: «Cuando empezamos el Black Panther Party aquí, ninguno de nosotros pensaba que iba a vivir mucho, todos creíamos que estábamos en tiempo prestado, yo nunca pensé que llegaría a los veintitrés años. Fundamos el partido en Nueva Orleans tres meses después de que Fred Hampton fuera asesinado, dos meses después del tiroteo en Los Ángeles. Cuando abrimos nuestra oficina, lo primero que tuvimos que hacer fue fortificarla, podíamos correr la misma suerte. Eso generó un vínculo muy especial, y es un vínculo que, a menos que lo hayas vivido, es muy difícil que puedas entenderlo realmente».

Malik reivindica con pasión la actividad que desarrolló el Black Panther Party en Nueva Orleans: «Lo primero que hicimos desde el partido fue asegurarnos de que nuestra comunidad estaba segura, eso era lo más importante, la gente vivía con miedo. Los que nos unimos, como no pensábamos que íbamos a vivir mucho tiempo, teníamos conciencia de que lo nuestro era ser tan solo un granito, simplemente un granito de arena. El partido se encargaría de seguir, el murmullo seguiría... Puede que no sobrevivas hasta el final, pero habrás sido ese granito... Así que no teníamos miedo, íbamos a nuestros barrios, a las comunidades, y nos enfrentábamos a quien anduviera jodiendo —apunta con una carcajada, antes de seguir como si estuviera todavía interpelando a alguien—: Oye, tío, escucha, esta mierda que estás haciendo tiene que parar». A Rahim se le iluminan los ojos cuando habla de aquellos días, pero mantiene el tono tranquilo y reposado, sin trasmitir arrogancia o soberbia, habla como si estuviera viviendo ese tiempo en presente: «La gente de esta comunidad vive con miedo y no vamos a llamar a la policía, no queremos saber nada de tribunales, simplemente tienes que parar o te piras de aquí, tan simple como eso. No va a haber más robos. Si robas a alguien, mejor que sea fuera de esta comunidad, porque si robas a alguien aquí, tendrás que lidiar con nosotros. Y no vamos a dejar que nadie robe aquí, no dejaremos que te roben a ti, ¿entiendes? Ni a tu madre, ni a tu hermano, ni a tu hermana. Y en ese momento, Desire estaba considerado no solo el barrio más peligroso de Nueva Orleans, sino de todo Estados Unidos, y en un mes y medio lo convertimos en la comunidad más segura, y no porque fuéramos grandes y malos».

Desire es una calle de viviendas sociales, *projects*, donde se asentó la oficina del partido. Una comunidad de rentas bajas, desempleo y mala fama. Malik se levanta de la mesa para ir a un mueble que hay junto al equipo de música y sacar una caja repleta de fotos de aquella época en los *projects* de Desire. En una de ellas aparece en la imagen con otros miembros del Black Panther Party: «¿Ves? No era un tipo grande, mira lo pequeño que era, y era uno de los miembros más grandes, así de canijos éramos..., así que no era que nos temieran, lo que entendieron es que no solo nos tomábamos en serio nuestros principios, sino que nos tomábamos en serio que podíamos cambiar las cosas. No es que nos dedicáramos simplemente a amenazarlos, sino que les dábamos alternativas». En poco tiempo el conjunto de viviendas públicas de Desire pasó de ser considerado el barrio más peligroso y con más delincuencia de todo Estados Unidos a constituirse en una comunidad donde la cooperación y el apoyo mutuo funcionaban. Crearon un centro comunitario desde el que se organizaron múltiples actividades de sostenimiento del día a día de la gente del barrio. Fue una experiencia que funcionó basándose en la autoorganización, fuera de las lógicas del asistencialismo y la caridad.

Para él, la importancia de aquel momento radica en la propia capacidad que tuvo el conjunto de la comunidad para aceptar la propuesta y trabajar unida. «El Black Panther Party nos enseñó a ser autosuficientes, y en una escala mayor, porque, como decía, lo primero que abordamos fue la seguridad. Íbamos a lo que llamábamos las reuniones centrales del partido, donde nos encontrábamos con hermanos y hermanas de todo el país que estaban haciendo lo mismo que nosotros. Íbamos de un lado a otro, quedábamos, nos venían a recoger a Los Ángeles, Oakland o Nueva York. Nos llamábamos camaradas, porque todos sentíamos lo mismo, la misma emoción y el mismo compromiso. Y entonces veías lo que estaban haciendo en esta ciudad o esta otra y lo empezábamos a hacer aquí, como los desayunos. Para nosotros fue natural empezar un programa de desayunos, era lo que estaba haciendo el partido. Empezamos por alimentar a unos quince y en un mes ya eran más de cuatrocientos chavales, ¿sabes? Y no era solo por el hecho de que nuestras familias no tuvieran dinero para alimentar a sus hijos, sino por la camaradería, para que los niños se levantaran por la mañana y salieran corriendo porque iban a comer con las Panteras ¿Por qué? Porque así podían comer con sus amigos: comían sano, pero sobre todo lo hacían colectivamente, y eso era lo fundamental.»

Malik Rahim solo para de hablar para preguntar si alguien quiere otro té. Su voz, su tono y su relato son hipnóticos. Escucha con paciencia las preguntas y medita las respuestas, tiene bien construido el discurso y los recuerdos, de todo lo que cuenta se puede encontrar alguna referencia en las paredes de su casa. «Cuando empezamos nuestro programa de desayunos, recuerdo que un día nos quedamos sin huevos, así que se corrió la voz de que necesitábamos huevos… ¡La semana siguiente teníamos setecientas, ochocientas docenas de huevos!» No puede evitar partirse de risa al recordarlo: «¡Teníamos tantos huevos, hermano! Intentamos devolverlos, pero seguían llegando más. Y así fue cómo la comunidad se hizo con el programa de desayunos, lo hizo suyo: cuando vieron que sus hijos estaban seguros, que cuando salían de nuestro programa, nos asegurábamos de que llegaran a la escuela, y por la tarde, cuando acababan las clases, los recogíamos en el colegio, estábamos allí para asegurarnos de que volvieran a casa sanos y salvos». El partido se convirtió en un contrapoder aceptado: «Nos aseguramos de que no se vendieran drogas en los parques. Ahora se habla de las zonas libres de drogas, nosotros fuimos los primeros en empezar eso. Les dijimos inmediatamente a los camellos: "No os digo que no podéis hacer lo que hacéis, lo que os digo es que no podéis hacerlo aquí". Sus iniciativas en Desire eran parte de un programa. El primer punto fueron los desayunos y el acompañamiento de los chavales; el segundo, eliminar el tráfico de drogas: «El tercero fue la limpieza, no puedes decir que eres una persona civilizada cuando está todo hecho una mierda, así que la tercera cosa que hicimos fue un programa de limpieza, Nos propusimos limpiar este barrio y la comunidad se volcó. Era un barrio olvidado, de vivienda pública, que no le importaba a nadie, teníamos una plaga de cucarachas, ratas, así que lo siguiente que hicimos fue iniciar un programa de control de plagas. Antes, si tenías una plaga y tratabas de desinfectar tu casa, la plaga pasaba luego a la siguiente, y a la primera de cambio volvía a la tuya, porque lo único que habías hecho era pasársela a tus vecinos, así que lo que hicimos fue desinfectar la comunidad entera».

La experiencia de Desire, como todo el movimiento Pantera Negra, fue objetivo prioritario del FBI, que se encargó de destruirlo utilizando todo tipo de métodos: desde la infiltración hasta la manipulación de sus mensajes internos, o directamente a base de violencia contra sus sedes y del encarcelamiento y asesinato de algunos de sus líderes. El entonces director del FBI, J. Edgar Hoover, declaró el Black Panther Party «la mayor amenaza interna para la seguridad del país». La estrategia gubernamental llevaba por nombre COINTELPRO, Counter Intelligence Program o Programa de Contrainteligencia, una estrategia para investigar y destruir las organizaciones políticas disidentes dentro de Estados Unidos. A partir de mediados de 1970 la represión brutal se acompañó de una nueva política que afectó al conjunto del movimiento. El gobernador de California, Ronald Reagan, que luego sería presidente del país entre 1981 y 1989, declaró públicamente la «guerra a las drogas». Una estrategia que coincidió con una presencia masiva de drogas en las zonas afroamericanas, en una situación que muchos no dudaron en señalar que estaba consentida y alimentada por el propio Gobierno de Estados Unidos.

El campo de batalla de esa guerra fueron las comunidades pobres, que sufrieron una violencia estructural explosiva. Entre 1967 y 1975, varios documentalistas grabaron para la televisión sueca *The Black Power Mixtape 1967-1975*, un documental donde se recogían diversos actos del movimiento de liberación negro en Estados Unidos y algunas entrevistas con sus líderes. En uno de los episodios se ve una ambulancia retirando el cadáver de un joven yonqui en una calle de Nueva York. Uno de los policías repite varias veces a cámara: «Uno menos». En una secuencia posterior hay una entrevista con un médico afroamericano del hospital público de Harlem en la que, con el ruido de fondo de sirenas de ambulancia y pasillos atestados, el médico señala compungido: «Me siento constantemente frustrado por lo que veo y me pregunto cuándo acabará, si es que acaba. Me frustra la aportación de los *blanquitos*. Normalmente, esa aportación consiste en facilitar drogas a los jóvenes de mi raza. Es muy frustrante. Son adolescentes de trece a quince años que ingresan muertos por sobredosis».[108]

En el marco de esa *guerra*, el FBI se empleó con especial saña para acabar con el Black Panther Party. El 15 de septiembre de 1970 la policía atacó las oficinas del partido en los *projects* de Desire con la orden de desalojarlos de allí. «Éramos once personas en nuestra oficina y tal vez cien policías disparando. Dispararon durante media hora y luego se detuvieron, porque supongo que asumieron que ya habían disparado bastante. Nos tiraron con todo, desde gas lacrimógeno hasta una ametralladora del calibre 60. Soy una persona espiritual. La noche antes de que vinieran pusieron un paño para rezar en la pared y dijeron que cualquiera que rezara se salvaría. Así que recé. Ni una sola persona resultó herida.»

A Malik Rahim la violencia del «poder blanco» no le resultaba extraña. Como muchos otros jóvenes de su generación, en 1965 —con diecisiete años—, tuvo que ir a luchar a la guerra de Vietnam, una «guerra imperialista» que afianzó su conciencia política y la necesidad de la lucha en casa por los derechos de la comunidad afroamericana. A partir de la década de 1970, la represión contra el movimiento de liberación negro aumentó sustancialmente. Tras el tiroteo en las oficinas del partido, Rahim fue encarcelado con varios de sus camaradas en la prisión de Angola, la más grande de Estados Unidos. Su superficie abarca unos setenta y tres kilómetros cuadrados y está flanqueada en tres de sus cuatro lados por el río Misisipi. Funciona como una plantación donde los presos están obligados a trabajar en la recogida de algodón. Mantiene la misma lógica sobre la que se creó en 1901: un sistema esclavista de producción donde los presos son tratados como mercancía y los vigilantes presumen desde sus caballos del poder de sus armas. Además, cuenta con un corredor de la muerte y la sala de ejecuciones del estado. En 2010 la prisión tenía algo más de cinco mil presos y cerca de mil quinientos empleados. En ese momento, el 76 por ciento de los presos eran afroamericanos, el 71 por ciento de los cuales estaban condenados a cadena perpetua. Dentro de sus instalaciones hay una zona residencial para los trabajadores del centro y sus familias que incluye un campo de golf que limpian y mantienen los presos.

Malik estuvo poco tiempo encerrado, no encontraron cargos con los que construir una acusación solida contra él. Pero el movimiento tuvo en tres presos un referente de la lucha contra la injusticia y el racismo: Herman Wallace y Albert Woodfox —que habían ingresado en el Black Panther Party estando en prisión, donde llevaban encarcelados desde 1973— fueron acusados del asesinato de un oficial de la cárcel y estuvieron cuarenta y cuatro años en celdas de aislamiento, acusados en un juicio sin garantías. Se les unió en prisión Robert King, que estuvo veintinueve años encerrado. Las durísimas condenas que recibieron fueron, en parte, por no arrepentirse de su militancia política. Malik Rahim lideró el movimiento de solidaridad con los llamados tres de Angola. Herman Wallace era su amigo, fue puesto en libertad en julio de 2013 y murió tres meses después. Lo ocurrido con los tres de Angola no fue un caso aislado. Muchos panteras fueron abatidos a balazos, incluso dentro de la cárcel, como George Jackson. En su inmensa mayoría entraron en prisión tras juicios con jurados compuestos únicamente por blancos y donde se tuvo en cuenta solo la versión policial, como en el caso de Mumia Abu-Jabal, que sigue en el corredor de la muerte; y otros directamente se fugaron de la persecución policial y viven todavía hoy en el exilio, como Assata Shakur. Para el movimiento del Black Power la realidad social no era muy distinta de la cárcel. La entonces líder de las Panteras Negras, Angela Davis, lo describió así en un discurso: «Hoy en los Estados Unidos de América, en 1972, hay algo particularmente revelador sobre la analogía entre la prisión y la sociedad de la que es un reflejo. Porque, en un sentido dolorosamente real, todos somos prisioneros de una sociedad cuyas proclamas rimbombantes de "Libertad y justicia para todos" no son más que retórica sin sentido».[109]

El partido intentó hacer un viraje en su forma de hacer política, adaptarse a las circunstancias de un conflicto que no podían ganar desde la autodefensa, a partir también de una nueva lectura de la realidad en la que debían moverse. En otro episodio del documental emitido por la televisión sueca al que nos hemos referido antes, Eleine Brown —del Black Panther Party de Oakland— explicaba lo siguiente en 1972: «Hemos dejado de ser un *grupo revolucionario de culto*» para enfocar la cuestión racial desde «la lucha de las personas oprimidas contra los opresores, y no entre las *panteras* y la policía». Pero ese cambio no evitó que fueran arrollados por la represión. Entre la comunidad negra, en buena medida a partir del regreso de miles de muchachos negros que había combatido en Vietnam, la heroína estaba causando una auténtica masacre. En palabras de otra *pantera negra* que habla en el filme: «La guerra contra las drogas acabó con todos». Para Reagan y compañía, aquello no era una cuestión de salud y marginación social, sino un auténtico campo de batalla donde había que ir con la pistola por delante, en un contexto de impunidad policial y criminalización del movimiento negro que sirvió para aniquilar el trabajo comunitario y el espacio social ganado por el Black Power.

A pesar de los golpes recibidos, Malik Rahim no se rindió. El Gobierno se encargó de destrozar el proyecto de Desire. Desalojó los espacios de las Panteras Negras y detuvo a sus militantes, forzó desahucios en las viviendas y realizó una auténtica ocupación policial de la zona. En el resto del país el movimiento también se desintegró, fruto de la espiral de violencia externa e interna que se habían encargado de azuzar el FBI y la CIA.

Con la década de 1980 se entró en una nueva fase. Las comunidades afroamericanas de las grandes ciudades sufrieron enormes recortes en políticas sociales: la voluntad del presidente Ronald Reagan fue desmantelar cualquier tipo de estructura que diera cobertura social, educativa y sanitaria a los más desfavorecidos de la sociedad. Las organizaciones sociales también estuvieron en el punto de mira. En paralelo, comenzó una etapa de creación de guetos urbanos, que vivían entre la violencia policial y las luchas de las bandas. Un auténtico plan de ingeniería política destinado a la criminalización de las comunidades y a su total abandono y desprotección en beneficio del enriquecimiento de unos pocos. Malik habla de aquel tiempo en las Panteras Negras como parte de su formación como luchador, de la necesidad de mantener una memoria de dignidad con su gente: «Tenía dos hijos y no quería que crecieran en el entorno en el que yo crecí. Quería que supieran que no me quedaba de brazos cruzados sin hacer nada y que no los dejaba ocuparse de un entorno así en un país como este».

Destruida la comunidad de Desire, Malik Rahim vivió durante unos años en Los Ángeles. Tras un periodo en la cárcel, retomó la lucha social, denunció las guerras en las que participaba Estados Unidos en América Latina y Oriente Medio, se unió a los grupos contra la pena de muerte, los comités de solidaridad con los presos políticos y el movimiento pacifista y se hizo un firme defensor del ecologismo. A finales de la década de 1990 regresó a Nueva Orleans, a su barrio de Algiers. En 2002 se presentó a las elecciones a la alcaldía de la ciudad por el Partido Verde, con un programa basado en la acción comunitaria, la economía local, la democracia de base no violenta, el ecologismo, el feminismo y el respeto por la diversidad y la justicia social. No ganó, de hecho, solo logró el dos por ciento de los votos, pero —según él mismo cuenta entre risas— «fue también un aprendizaje». No lo vivió como una derrota y siguió trabajando para la comunidad en la lucha por un plan de vivienda pública que garantizara un techo y una calidad de vida mínima para las personas sin hogar.

En agosto de 2005 llegó el Katrina: «Cuando se dio la orden de evacuación, la mayoría de la gente se fue, en la ciudad se quedó la gente más vulnerable. Sabíamos que estas personas no tenían la capacidad económica para refugiarse en ningún lugar. Además, el huracán ocurrió en la peor época del año para la gente pobre. La mayoría estaba en la ruina, porque había gastado todo su dinero en material escolar para el curso que iba a empezar. Así que, aunque tuvieran transporte, no tenían fondos para ir a ninguna parte». Malik Rahim también se quedó: «Como alguien que ha comprometido su vida en la organización de la comunidad, uno no abandona su comunidad en un momento de crisis. Al contrario, ese es el momento en el que te sumerges. Después de los asesinatos del puente Danziger, vimos a los vigilantes armados llegar hasta aquí y supimos que era el momento de organizarnos y resistir».

Crearon el colectivo Common Ground y montaron la primera sede en su casa. «Soy socialista, y todo lo que hago me gusta hacerlo como colectivo. Todos pusimos un poco de dinero, y así fue como empezamos. En los tres años que estuve con Common Ground atendimos a medio millón de personas, abrimos cuatro clínicas de atención sanitaria, plantamos casi cincuenta o sesenta mil plantas en los humedales, limpiamos cientos de tejados, casas y calles. Después de la primera semana teníamos setenta voluntarios. Fue lo más grande que me ha pasado en la vida», cuenta Rahim. Tras el huracán, quienes se quedaron sufrieron, además del abandono, la represión por parte de la policía y de un Ejército que funcionó como si estuviera invadiendo un país extranjero. «El gobernador había dado una orden de disparar a matar en el toque de queda, desde el anochecer hasta el amanecer, que solo se aplicaba a los negros. He visto a muchas personas negras asesinadas y a nadie le importó su vida. Ningún medio de comunicación lo denunció, nadie las defendió. Pero también vi lo que hicieron otras personas. De los primeros setenta voluntarios que vinieron, tal vez solo cinco eran negros. Y esas personas hicieron algo extraordinario. Hicieron más por unir a esta comunidad que nadie. Mostraron a los afroamericanos de aquí que no todos los blancos eran explotadores o racistas. Y mostraron a los blancos que venían que no todos los afroamericanos aquí eran como el Gobierno decía. Solo éramos gente trabajadora que no tenía medios para escapar. Llegamos a tener más de diecinueve mil voluntarios reconstruyendo la ciudad.»

A finales de 2007 Commond Ground trasladó su oficina al Lower Ninth Ward. Allí se diseñó un plan de reconstrucción de viviendas que fueran ecológicamente sostenibles y que además pudieran soportar una nueva tormenta. Asimismo, generó dinámicas de autoempleo dentro de la comunidad y programas de asistencia sanitaria. Fue uno de los epicentros del movimiento de solidaridad que albergó la ciudad. Pero con la infiltración del FBI en Commond Ground se dividió desde dentro al colectivo, generando una profunda herida entre las personas activistas. Además, con los chanchullos y corruptelas que generó la reconstrucción de la ciudad por parte de empresas privadas contratadas por la Administración, el movimiento tal y como surgió comenzó a perder fuelle. Pero Commond Ground no desapareció, mantiene su local en Deslonde Street y en la actualidad su trabajo está enfocado a «crear comunidades resistentes en la costa del golfo que sean ambientalmente sostenibles, financieramente viables y personalmente coherentes».[110] Si bien sus objetivos y su organización han cambiado, Common Ground sigue comprometida con su enfoque de base, basado en el voluntariado, para la transformación y la sostenibilidad de la comunidad en el entorno de Nueva Orleans, con una especial dedicación en el cuidado y recuperación de las zonas pantanosas y los humedales de Luisiana.

Sobre la experiencia de Common Ground, Rahim afirma: «Fue lo mejor que me ha ocurrido en la vida», junto con su militancia en el Black Panther Party. El valor que tiene —

cuenta mientras prepara una nueva ración de té—, es trabajar en beneficio de la gente de manera colectiva, aunque haya gente que no se sienta afectada: «Es el mismo problema de siempre, que se queda en el olvido, y no solo para los blancos, sino para los negros a los que les va bien. En Nueva Orleans habrá unas doscientas mil o doscientas cuarenta mil personas negras, y yo diría que a más de la mitad les va bien, tal vez alrededor del 53 por ciento, pero ese otro 47 por ciento está simplemente olvidado. Cuando nos unimos al partido, pensábamos que las cosas estaban muy mal, estábamos lidiando con un racismo flagrante, pero años después no ha cambiado nada, hasta tuvimos un presidente negro y nada cambió, las condiciones empeoraron, las condiciones a las que se enfrentan estos jóvenes no se parecen a ninguna otra en la historia de América».

Para Rahim, ese es el pensamiento que realmente podría hacer grande a un país, pero que solo se puede entender desde el enfoque de la justicia social y la libertad: «Si tenemos en teoría todos los derechos del mundo, pero no podemos respirar el aire, nada importa. Lamento decir que este es el legado que mi generación está dejando. Los que afirman "Make America Great Again" no saben que lo que hace grande a Estados Unidos es su gente y su capacidad para defender la justicia y a las personas necesitadas. Tenemos que hablar sobre el cambio, pero primero tenemos que hablar de hacerlo aquí mismo, en nuestras comunidades, y luego podemos empezar a pensar en cómo podemos elevar estos ideales a toda la humanidad». En ese sentido, no es muy optimista respecto al futuro: «Los tiempos que os esperan van a ser peores que los que yo he vivido». Pero se reconoce como un «disfrutador» de la vida y cree que parte de la lucha es no dejarse vencer por el derrotismo: «Creo que hay que mantener la ilusión en el poder de la gente». Lo dice mientras se acaricia de nuevo su poblada barba y contempla con cariño a sus perros, que le devuelven la mirada con complicidad: «Como te decía, vengo de una comunidad de resistencia, pero lo vivía hacia dentro. El movimiento de liberación me abrió los ojos hacia un afuera. Elegí el Black Panther Party porque en ese momento me mostró más de lo que yo personalmente deseaba de un movimiento o de una organización. Me impidió ser dogmático cuando no estaba abierto a los demás y a la lucha de los demás, no solo fuera de mi comunidad, sino también dentro de ella. Y creo que eso me ha acompañado luego siempre».

Terminada la conversación, después de casi tres horas, Malik Rahim vuelve hacia su aparato de música para poner un nuevo disco: «No hay nada mejor que sentarse con un buen porro de yerba y escuchar buen *blues*». Nos separamos en el porche de su casa, la calle sigue vacía. Rahim acaricia su barba, con los ojos brillantes, y se despide puño en alto para, a continuación, señalar las luces de la ciudad que se ven de fondo: «Nunca he vivido al otro lado del puente, toda mi vida en Nueva Orleans está aquí, en Algiers. Rara vez cruzo el río, mi vida está aquí. Como dije, este es uno de los pocos lugares que conozco donde todavía puedo decir que cada día veo a personas con las que empecé la escuela, ¿sabes? Las conozco, a su familia, a sus hijos. Así que, ya sabes, esta es básicamente mi vida —y finaliza con una sonrisa—: Hay un dicho que dice que no vives en Nueva Orleans, Nueva Orleans vive en ti».

CAPÍTULO 13
Corazón de oro

«Mi música nace también de una búsqueda, de investigar las historias que se han olvidado como forma de entender la realidad actual», explica Leyla McCalla, afincada desde 2010 en Nueva Orleans. Nació en Nueva York en 1985, en una familia de emigrantes haitianos comprometida políticamente en las luchas por los derechos civiles y las reivindicaciones de la comunidad haitiana en el exilio. Sus orígenes familiares por parte materna proceden de Ghana, donde vivió dos años cuando era adolescente con su abuela. La mezcla de influencias culturales es parte de su tarjeta de presentación, en esa «investigación de la historia» que apunta como fundamental en su trabajo como artista. Tras dos años viviendo en Accra, regresó a Estados Unidos para estudiar violonchelo y música de cámara en la Universidad de Nueva York. Finalizada la formación académica, dejó Nueva York para tocar el violonchelo en las calles del French Quarter, un escenario, especialmente en Frenchmen Street, donde el aplauso y el reconocimiento hay que ganarlos. Y los ganó.

McCalla se quedó a vivir en Nueva Orleans y resituó su propia identidad: «Crecer como una chica negra con ascendencia haitiana en la sociedad supremacista blanca de Estados Unidos siempre me ha hecho sentir fuera de lugar; no lo bastante negra, pero desde luego no blanca, culturalmente un poco perdida. Al llegar a Nueva Orleans, me sentí como en casa y, cuando empecé a entender la historia de Nueva Orleans y la influencia de la Revolución haitiana en el establecimiento de la ciudad como una de los centros portuarios más importantes en Estados Unidos, empecé a entender la identidad criolla y cómo encaja en la historia de mi propia vida. Esta es una de las razones por las que Nueva Orleans siempre será mi hogar». McCalla responde por correo electrónico a una batería de preguntas el día siguiente al que debía ser el Mardi Gras de 2021, que no pudo celebrarse por las restricciones provocadas por la pandemia del coronavirus, y cuando la ciudad se encuentra en una auténtica situación de emergencia cultural por el cierre de los locales de música en vivo y la falta de turismo, que suponen el sustento de buena parte de la comunidad de músicos de la ciudad.

A pesar de las circunstancias, Leyla McCalla se encuentra en un momento fructífero de su carrera, a punto de sacar un nuevo trabajo y acaparando reconocimientos en la escena folk estadounidense. Su música está en un punto muy alto de creatividad y la miscelánea de sonidos que propone, un territorio emocional compartido entre Haití, la cultura cajún y la mixtura criolla, con un tono y un ritmo que fluye en un encuentro de sonidos antillanos y raíces americanas, trasmite un sólido equilibrio. En sus temas contagia un existencialismo positivo, impulsado por una voz que se proyecta de manera pausada y fresca, como si fuera una bocanada de aire puro en medio del ruido de estos tiempos. Una visión que, según cuenta, tiene que ver con su momento vital en la ciudad: «Cuando me mudé a Nueva Orleans, tuve la sensación de que era un lugar especial, pero no sabía que iba a ser la clave de tanto autodescubrimiento y curación transformadora». Leyla combina en su repertorio lenguajes e instrumentos: canta tanto en francés e inglés como en el dialecto criollo haitiano y, además del violonchelo, toca el banjo tenor y la guitarra. En su trabajo hay una referencia permanente al imaginario desde el que se construyó el espacio geográfico y social que se denominó Bayou Country, donde emergió una suerte de mezcla de diferentes comunidades desposeídas de su propia identidad de origen: «Creo que la cultura del Bayou Country es tan compleja y desafiante como la propia Nueva Orleans y, en mi opinión, se enfrenta a muchos de los mismos retos sistémicos». El Bayou, igual que el Nueva Orleans actual, fue un lugar de conflicto y refugio casi a partes iguales. El género en el que se clasifica habitualmente a McCalla en los medios *especializados* es el de la música cajún, pero su repertorio va más allá de esa categoría.

La cultura cajún es producto del mestizaje francófono que tuvo lugar en Luisiana a finales del siglo xviii, para el cual fueron determinantes tanto la presencia de los colonos franceses que se quedaron pese al cambio de titularidad del territorio como la emigración de los acadianos en 1755. Estos últimos eran campesinos franceses católicos que fueron expulsados por los británicos de la actual Canadá y se instalaron a lo largo de la costa del golfo de México. Ese encuentro dio forma a una comunidad con un acento particular. Sus tradiciones están todavía muy presentes en la gastronomía y los eventos sociales, donde la música es un elemento casi fundacional. Junto con el acordeón, el violín es el principal instrumento de acompañamiento, a los que se añaden además el banjo, la guitarra, el contrabajo, el triángulo y una tabla de lavar, que se coloca normalmente en el pecho y acompaña a la base rítmica. Con la incorporación de sonidos afrocaribeños y antillanos y la influencia del *blues*, la música cajún derivó hacia el *zydeco*, donde el acordeón es normalmente el instrumento de cabecera y donde también es habitual que las letras de las canciones sean en francés. La fuerte presencia en Luisiana de la cultura cajún y del *zydeco* sostiene la potente escena musical folclórica de la región.[111]

Toda esa confluencia musical tuvo a su vez una conexión directa con la cultura criolla. El término *criollo* se aplicaba orginariamente a las personas blancas nacidas en el «Nuevo Mundo» con antecedentes familiares franceses, pero pronto se amplió a los *criollos de color*, que eran aquellas personas nacidas en las colonias francesas, principalmente haitianas, de parejas interraciales, muchas veces forzadas por la propia estructura de la tiranía colonial. Esa deriva criolla de mestizaje cultural, de fuerte impronta caribeña, fue parte intrínseca del surgimiento del jazz. No solo arrastró tras de sí la música clásica aprendida por las personas criollas, sino que también incorporó una enorme variedad de referencias culturales, algunas genuinamente africanas. Una de las más destacadas fue el vudú. En el libro *Subversive Songs. Race and the birth of Jazz in New Orleans*, el autor, Charles Hersch, define así ese encuentro: «El vudú es una religión sincrética, desarrollada en Haití a partir de una variedad de religiones africanas y del catolicismo. En Nueva Orleans se produjo una especie de "África remezclada", donde los cantos y elementos católicos como los altares, el incienso, las velas y el agua bendita se combinaron con las costumbres africanas». Hersch señala cómo esa incorporación cultural criolla estuvo presente desde el principio del jazz: «Los músicos criollos también tenían vínculos con el vudú, una religión centrada en la mujer, a menudo a través de las practicantes. Mamie Desdunes, la profesora de piano de Jelly Roll Morton, era una "sacerdotisa vudú", mientras que su madrina, Eulalie Echo, practicaba esta religión, y el propio Morton, según un contemporáneo, tenía "tendencias al vudú"». Y más adelante añade otro ejemplo: «El influyente bajista Alcide "Slow Drag" Pavageau era, al parecer, sobrino de la célebre vudú Marie Laveau».[112] Todo ese universo de referencias está presente en la atmósfera de Leyla McCalla.

Antes de iniciar su carrera en solitario, McCalla se hizo conocida por tocar el violonchelo durante 2011 y 2013 en la banda afroamericana Carolina Chocolate Drops, con la que obtuvo un premio Grammy al mejor álbum de música folk en 2011. En 2013, con su primer trabajo en solitario, *Vari-Colored Songs: A tribute to Langston Hughes*, tendría un éxito que lanzaría su carrera personal. En el diario británico *The Guardian*, su primer disco fue reseñado por el conocido crítico musical Neil Spencer con alabanzas: «Se trata principalmente de un homenaje a Langston

Hughes, poeta consagrado del movimiento Renacimiento de Harlem de los años veinte. Con los lacónicos versos de Hughes ajustados a arreglos sencillos de banjo y guitarra, McCalla, de formación clásica, también incorpora el violonchelo, la mayoría de las veces como pulso rítmico. [...] En ese desconcertante híbrido francés, el disco proporciona un contrapunto de música popular a las elegantes rimas de Hughes».[113] El álbum, que tuvo una tirada limitada en 2013, lo reeditó en octubre de 2020 el sello Smithsonian Folkways Records.

Langston Hughes nació en 1902 en Misuri y desde pequeño estuvo comprometido con la escritura y la poesía. Admirador del poeta Walt Whitman, uno de sus primeros poemas sería «The Negro Speaks of Rivers», el más reproducido en las antologías que se han realizado sobre su trabajo y que arrastraría durante toda su trayectoria como referente de la reivindicación de la diáspora africana: «Mi alma se ha hecho profunda como los ríos».[114] Langston Hughes era el resultado de la mezcla de muchos orígenes: hijo de padre con ascendencia judía y escocesa y de madre con antecedentes franceses e indios, es uno de los escritores afroamericanos más leídos en el mundo y fue un buscador incansable de raíces e influencias. A partir de su llegada a Harlem, con diecinueve años, profundizaría en otros terrenos de la escritura. Era la época del denominado Renacimiento de Harlem, una corriente cultural que despertaría la conciencia de la lucha de la comunidad afroamericana en las décadas de 1920 y 1930, y que también fue conocida como New Negro Movement. Hughes estuvo en la primera línea de la movida *harlemiana*, cuando el distrito era «la ciudad negra más importante del mundo» y el jazz inundaba cada rincón del territorio. El más icónico de todos los espacios era el Cotton Club, un santuario de la diversión para el público blanco en el que las personas negras tenían prohibida la entrada. Allí tocaban con regularidad las orquestas de Duke Ellington y Cab Calloway. «Un club Jim Crow para gánsteres y blancos adinerados», dijo Hughes. Esas estrellas del Cotton Club luego tocaban en el resto de locales de música en vivo, en un Harlem que estaba plagado de bares con una ruta del jazz por la que transitaban todos los músicos del momento. Los referentes para la comunidad negra eran garitos como el Connie's, donde tocaban Fats Waller y Louis Armstrong; el Small's Paradise, más ligado al Renacimiento de Harlem, adonde acudió Federico García Lorca durante su estancia en Nueva York, además del Tillie's o del Oriental, lugares donde era habitual ver a Billie Holiday —Billie Fiesta como la llamaba Nicolás Guillén— o cruzarse con personalidades como Bessie Smith, Salvador Dalí, Rodolfo Valentino, Ethel Waters o George Gershwin. Todos ellos, abiertos a un público interracial y donde Hughes era un habitual que solía sentarse en una mesa a escribir poesía mientras sonaba la música.

En esa atmósfera publicó *The Weary Blues* en 1923, una forma también de reivindicar su propio estilo literario, en el que apelaba al lenguaje popular y *jazzístico* por encima del clásico y académico: un asunto sobre el que tendría numerosas discusiones a lo largo de su vida, hasta el punto de ser considerado uno de los primeros *poetas urbanos*, si no el primero. Fue traducido al castellano en la década de 1930 por Jorge Luis Borges y Nicolás Guillén, que sería uno de sus mejores amigos y del que a su vez Hughes tradujo el poemario *Cuba libre* para Estados Unidos, igual que haría con parte del *Romancero gitano* de Federico García Lorca. Hughes viajó por medio mundo. Residió un tiempo en México, donde vivía su padre y donde trató con Diego Rivera y Frida Kahlo; estuvo en la Unión Soviética y tradujo al inglés a Vladimir Mayakovski y a Boris Pasternak; visitó Japón, Brasil y China; investigó en Haití sobre la fuerza creativa tras la conquista y la situación política de la primera nación producto de la lucha de independencia; estuvo en Cuba y profundizó en la potencia de la música y su mezcla a partir de la influencia africana; viajó por media África buscando sus propias raíces; vino a España para cubrir las historias de los voluntarios negros de las Brigadas Internacionales para el periódico *Baltimore Afroamerican*, y en la década de 1950, con la persecución de todo aquello que sonara a «actividades antiamericanas» por parte del macartismo, tuvo que declarar ante la comisión del Congreso acusado de comunista, situación de la que salió airoso reivindicando su independencia, también ideológica, como escritor. En una visita a la Rusia soviética declaró: «Yo no renunciaría al jazz ni por una revolución mundial».

En el texto que acompaña el álbum *Vari-Colored Songs*, Leyla McCalla explica cómo desarrolló la pasión por la obra de Langston Hughes, a quien sintió como un «aliado» desde que, cuando tenía dieciséis años, su padre le regalara *The Selected Poems of Langston Hughes*: «Supe que guardaría estos poemas siempre cerca durante el resto de mi vida». Desde entonces incorporaría una pasión por el poeta afroamericano más importante del siglo xx que se mantiene viva en su música: «Una tarde, abrí el libro por un poema titulado *Vari-Colored Songs*. Este poema pedía que cogiera mi guitarra e imaginara cómo podrían sonar esas palabras en una melodía. Recuerdo la sensación de emoción al descubrir que podía probar esa propuesta poniendo música a otros poemas». La idea funcionó y *Vari-Colored Songs* es un disco redondo, con un sonido estimulante que mantiene en todas las canciones. Tiene coherencia y la poesía de Hughes engancha en cada melodía.

La conexión entre McCalla y Hughes derivó en la creación del colectivo The Langston Hughes Project, un programa para la difusión cultural bajo la inspiración del poeta y su obra, enfocado como ciclo de trabajo con universidades y en una lectura amplia del significado del jazz. En su web explican: «El jazz era una metáfora cosmopolita para Langston Hughes, una fuerza de convergencia cultural que iba más allá del alcance de las palabras o de los límites de cualquier idioma».

También le evocaba lo visual, sobre todo las técnicas surrealistas del *collage* pictórico y del montaje cinematográfico desarrolladas en Estados Unidos en los años treinta y cuarenta, que condensaban el tiempo y el espacio, trasmitían al espectador una gran cantidad de información en poco tiempo y ofrecían la posibilidad de sugerir estados de conciencia ampliados, recuerdos caóticos de acontecimientos pasados o sueños, a través del montaje. «Para mí —escribió Hughes—, el jazz es el montaje de un sueño aplazado. Un gran sueño que aún está por llegar, que siempre está por hacerse realidad en última instancia y finalmente.»[115] Una perspectiva de liberación en el horizonte, a través de la música, que plasmó en su poesía.

Actualmente, The Langston Hughes Project trabaja sobre la obra de Louis Armstrong y la aportación de su figura con un montaje multimedia titulado *Ask Your Mama*. Según la explicación de la obra que figura en la página web, el espectáculo no solo está dedicado a Armstrong, sino también «a todos aquellos, sea cual sea su color o cultura de origen, que se alegraron de verse inmersos en los misterios, los rituales, los nombres y los matices de la vida de las personas negras, no solo en Estados Unidos, sino también en el Caribe, en América Latina, en Europa y en África, durante los años de la agitación anticolonial en el extranjero y del naciente Movimiento por la Libertad. No solo el joven Martin Luther King, Jr., sino también los líderes independentistas de Guinea, Nigeria, Ghana, Kenia y el Congo llenan los cantos y estribillos de la poesía épica de Hughes». Y en una reseña de la obra que se recoge junto a la explicación, Peter Madsen —profesor de Música de la Universidad de Nebraska-Omaha— señala lo siguiente acerca del impacto que el trabajo ha tenido en su campus: «The Langston Hughes Project atrajo al público más diverso que he visto nunca en nuestro campus. Jóvenes y mayores, negros y blancos, estudiantes y profesores, trabajadores de la administración y miembros de la comunidad, todos disfrutaron de la celebración de los logros artísticos y las contribuciones de las personas negras estadounidenses. Además de ser un buen espectáculo musical y una exquisita muestra de arte y poesía afroamericana, fomenta una atmósfera de reconciliación y comprensión racial».

Hughes fue un viajero empedernido, investigador de lenguas y ritmos, estudioso de las tradiciones culturales de origen africano. En su equipaje incluía una gramola y discos de pizarra de Louis Armstrong, Bessie Smith, Ethel Waters o Duke Ellington. En 1930 viajo por Haití durante tres meses, interesado en profundizar en la riqueza cultural de la primera república independiente negra de la historia. De ese viaje surgió el libro infantil *Popo y Fifina: Niños de Haití*.[116] El disco de Leyla McCalla gira en torno a algunos de los poemas que escribió Hughes en esa búsqueda de las raíces a partir de un lenguaje poético cercano y popular. Recuerda McCalla: «Cuando empecé a componer para los poemas de Hughes, sentía profundamente que su poesía merecía una nueva forma de vida, y yo estaba en plena búsqueda de mi propia voz creativa. No tenía ninguna idea preconcebida de cómo debían sonar o ser las canciones, simplemente quería expresar lo que escuchaba en mi cabeza y sacarlo fuera. Es curioso volverlo a escuchar después de todos estos años, porque me escucho a mí misma buscando y también el principio de un largo viaje musical».

Después de su periodo en Haití, Hughes conocería en Cuba al poeta cubano Nicolás Guillén, con el que comenzaría en 1930 una intensa amistad, casi al mismo tiempo que García Lorca andaba por la isla invitado por la Sociedad Hispano Cubana de Cultura liderada por Fernando Ortiz. Guillén cuenta en sus memorias ambas visitas a la isla casi en paralelo, pero sin que, al parecer, Lorca y Hughes coincidieran.[117] Guillén y Hughes tenían la misma edad, ambos eran poetas negros y congeniaron rápidamente. En sus memorias, Guillén describe los días juntos en La Habana como un permanente estado de felicidad, así como de incorporación de conocimiento: «En Cuba se aplatanó enseguida y fuimos compañeros de algunas inocentes juergas nocturnas. Desde el primer momento, simpatizó cabarés de los alrededores de la playa Marianao, llamados Las Fritas. En una de ellas oficiaba un cantante negro muy simpático, llamado El Chori, que hasta hace poco tiempo encontrábamos en La Habana escribiendo su nombre en los lugares públicos: solo ponía "Chori", como queriendo recordar que su fin estaba próximo, o por lo menos no tan lejano como él quisiera». Una pionera manifestación de arte urbano que llamó la atención de ambos.

Su amistad se fortalecería a partir de su reencuentro en España en 1937, en plena Guerra Civil, en el II Congreso Mundial de la Cultura que se celebró en Valencia. Guillén cuenta cómo desde entonces los dos poetas fueron uña y carne: «Fue precisamente mi estancia en España con él la fase más importante de nuestra amistad». Relata también cómo a partir de Valencia fueron casi inseparables: «No hubo día sin que nos viéramos, y hubo épocas en que andábamos siempre juntos —y finalmente añade—: Los recuerdos de La Habana iluminaban a cada instante nuestra conversación, sin que faltaran los textos musicales que él conocía y aprendió cuando estuvo entre nosotros».[118] Nicolás Guillén marchó también a España a cubrir la Guerra Civil para el periódico cubano *Mediodía*.

En España Hughes se instaló en la sede de la Alianza de Intelectuales Antifascistas para la Defensa de la Cultura en Madrid, donde compartió alojamiento con Rafael Alberti, María Teresa León o Miguel Hernández, que se alojó allí poco tiempo. Langston Hughes viviría jornadas intensas de penurias y alegrías con destacados intelectuales y periodistas de la época, como Gerda Taro, Ernest Hemingway, Martha Gellhorn, Pablo Neruda, Antonio Machado, Lillian Hellman, André Malraux, Louis Aragon, Henry Buckley o el polémico corresponsal del periódico soviético *Pravda* Mijaíl Koltsov, que luego sería purgado por el estalinismo. En *El Voluntario de la Libertad*, el periódico del Batallón Lincoln, escribiría: «En España no hay prejuicio de raza. Aquí, en Madrid, la más heroica y valiente de las ciudades, donde las bombas de Franco siembran los tejados por la noche, Madrid, en donde puedes tomar el tranvía para ir a las trincheras y donde esas personas de todo el mundo que aman la libertad y defienden la democracia han enviado alimentos, dinero y hombres, aquí, a este Madrid, han venido negros de todas partes a ofrecer su ayuda».[119] Para *Baltimore Afroamerican* escribiría un artículo sobre la boda interracial oficiada en Villa Paz —el hospital de campaña al que estaba destinado el brigadista nacido en Nueva Orleans James Neugass— entre la enfermera afroamericana Salaria Kea y el brigadista irlandés y conductor de ambulancias John O'Reilly. Kea era la enfermera jefa, con cinco enfermeras blancas a su cargo, «algo insólito por aquel entonces en Estados Unidos».[120] El brigadista afroamericano James Yates también relata en su diario los encuentros que tuvo con Hughes, de cuyo libro de poemas mantendría un ejemplar durante toda la contienda a pesar de las bombas y las necesidades frecuentes de aligerar peculio.[121]

La relación de Hughes con la música fue una constante en su vida, que se ensanchó con la convivencia que mantuvo durante años con artistas como la inigualable Billie Holiday, a quien dedicó uno de sus poemas más icónicos: «Canción para Billie Holiday». En 1954 publicó *The first book of Jazz*, donde aporta una lista de sus cien discos favoritos. Entre ellos, destacan los siguientes: *Body and Soul*, de Coleman Hawkins; *Lover Man*, de Charlie Parker; *St. Louis Blues*, de Louis Armstrong; *Round Midnight*, de Thelonious Monk, o *Back Water Blues*, de Bessie Smith. La etiqueta de *poeta urbano* procede de los recitales de poesía y música que realizó de manera asidua en otro de los locales de referencia del jazz en Nueva York: el Village Vanguard, acompañado por el saxofonista Ben Webster, el pianista Phineas Newborn o el contrabajista Charles Mingus, con quien grabó el disco *Weary Blues* en 1958. Toda la poesía de Hughes tiene un enlace directo con la música negra: góspel, espirituales, *blues* o los cantos de trabajo, pero fundamentalmente con el jazz en todas sus formas y derivas: «El jazz para mí es una de las expresiones inherentes de la vida del negro en América».[122]

A partir de la década de 1950 comenzó una época complicada para él: primero, la caza de brujas del macartismo, con el FBI husmeando en su vida pública y privada, y a partir de 1960, los nuevos liderazgos en las luchas por los derechos civiles, que dejaron en un segundo plano a poetas como Hughes e incluso al movimiento del Renacimiento de Harlem. Los nuevos tiempos del Black Power reclamaban otros protagonismos y el encaje entre pasado y presente resulta complejo. Además, su distanciamiento público del Partido Comunista en sus comparecencias ante la Comisión del Congreso de Actividades Antiamericanas no sentó bien en una parte de la nueva militancia más marcada ideológicamente. Langston Hughes falleció en Nueva York el 22 de mayo de 1967 y en su funeral, con el cuerpo presente en un ataúd de madera, tocó Duke Ellington, en una fiesta en la estuvo rodeado de sus grandes amigos, que fueron muchos. Hughes, con una extensa obra poética y literaria, con una aportación mayúscula al arte y la cultura afroamericana a lo largo de su vida, recobra cierto protagonismo en la actualidad gracias al trabajo de Leyla McCalla y The Langston Hughes Project.

Para su disco tributo, Leyla McCalla no pensó en otras referencias relacionas con la música, se entregó a sus propias sensaciones sin necesidad de otros asideros. Fue un proceso que surgió desde la emoción: «No era consciente de la relación de Hughes con Mingus mientras componía. El proceso de composición fue muy intuitivo, casi como un flujo de conciencia que me iba conduciendo a las canciones», señala. Para ella, ese «flujo de conciencia» es también parte del proceso sobre el que construye una coherencia entre su forma de pensar y la música que quiere producir. Su segundo álbum, *A Day For The Hunter, A Day For The Prey*, publicado en 2016, siguió explorando temas como la justicia social y las luchas por los derechos civiles, así como el debate sobre la identidad y la diversidad social en Estados Unidos. La obra contó con la colaboración de Rhiannon Giddens, Marc Ribot o Louis Michot, de Lost Bayou Ramblers, entre otros. En 2019 se publicó el tercer álbum en solitario de Leyla McCalla: *The Capitalist Blues*. Un disco marcadamente político, menos introspectivo que los anteriores y más apegado a la realidad del país en un momento de intenso conflicto social. El disco es una mezcla de música cajún, *zydeco* y jazz haitiano, con letras cantadas en inglés, francés y criollo haitiano. Como apuntaban en la presentación en directo del disco para la emisora pública estadounidense NPR, el álbum «traza con imaginación su visión de la diáspora afrocaribeña, a la vez que se desprende con suavidad del anglocentrismo y del capitalismo».[123]

Su música, cuenta McCalla, no puede separarse de lo que está ocurriendo en el país, una *fotografía social* como exploración del presente, pero que tenga en cuenta la historia y las tradiciones orales del pasado. Precisamente es a partir de esa lectura colectiva de los acontecimientos desde donde cree McCalla que se podrán construir sinergias de encuentro: «Creo que tenemos que hablar mucho más de la barbarie de la esclavitud y del impacto que ha tenido en generaciones de estadounidenses, que tenemos que empezar a enseñar la historia en un sentido más holístico, y no limitarnos a decir: "esto es la historia negra y esto es la historia europea". Nadie, ya sea negro, blanco o de cualquier etnia, es inmune a los efectos del colonialismo, de la trata de esclavos... Tenemos que ser más curiosos acerca de nuestras propias historias personales y cómo se entrelazan con otras historias aparentemente dispares». Desde esa relectura del pasado, construye su análisis de la situación actual, con el movimiento de Black Lives Matter en el centro del debate y la resaca producida por la infamia del tiempo de Donald Trump: «Algunas personas piensan que decir que las vidas negras importan significa que otras vidas no importan. Eso, para mí, es la antítesis del movimiento. Todas las vidas importan, por supuesto, pero ¿quiénes están pagando el coste del racismo en la sociedad? Nos perjudica a todos, pero ¿quiénes sufren y viven con miedo? Tenemos que cambiar el *statu quo*. Este movimiento nos ha pedido a todas las personas que reflexionemos y reconozcamos el racismo que habitamos y cuestionemos los privilegios que nos acompañan, desde los que nos movemos por la vida, que cuestionemos los problemas sistémicos que están en el corazón de la disfunción de nuestra sociedad. Así es como lo veo yo».

En paralelo a su carrera en solitario, Leyla McCalla, junto con Rhiannon Giddens, Amythyst Kiah y Allison Russell, forma parte también del colectivo musical Songs of Our Native Daughters, que publica con el sello Smithsonian Folkways. En su página web definen así el trabajo: «El álbum se inspira en fuentes del pasado para crear una narrativa reinventada de la esclavitud que confronta las miradas asépticas sobre la historia de la esclavitud, el racismo y la misoginia de Estados Unidos desde una perspectiva negra y femenina llena de fuerza». El proyecto actual de Leyla es un nuevo trabajo titulado *Breaking the Thermometer to Hide the Fever*,[*] donde cuenta el legado de Radio Haití, la primera emisora de habla criolla haitiana, y el asesinato de su impulsor en medio de un sistema de corrupción donde la liquidación de activistas sociales y periodistas se ha convertido en un suceso habitual marcado por la impunidad. El proyecto de McCalla es un espectáculo multidisciplinar, que se estrenará en marzo de 2021 en la Universidad de Duke, y está construido a partir de composiciones propias con arreglos de canciones tradicionales haitianas.

La propuesta vital y musical de Leyla McCalla no concede espacio al derrotismo, para ella son tiempos en que música y compromiso van de la mano, en una suerte de conexión con las fuentes del pasado como alimento de energías sobre las que construir el futuro. Desde esa perspectiva, la influencia de Hughes ha sido determinante: «Sentía que el poder sociopolítico

---

*Romper el termómetro para ocultar la fiebre.

y la humanidad desgarradora de las palabras de Hughes no habían sino aumentado con el tiempo». En el libreto de su disco *Vari-Colored Songs* McCalla apunta hasta qué punto le marcó el encuentro con el poeta del Renacimiento de Harlem: «Todas estas canciones son manifestaciones de mis experiencias vitales como mujer negra, haitiana americana e hija de inmigrantes haitianos, y un homenaje a la humanidad y al espíritu creativo de Langston Hughes, una influencia que sigue guiando mi trabajo creativo».

Hughes, que fue un apasionado del jazz y llevó el género hasta la poesía urbana con auténtico talento a través de la literatura y la música, estuvo fascinado con la cantaora flamenca Pastora Pavón, La Niña de los Peines: «Una cantante que es capaz de poner los pelos de punta, de crear en tus entrañas el mismo efecto que las sirenas de un bombardeo y, con su voz, podía quebrarte el alma».[124] En una crónica de mayo de 1937, titulada «Desayuno en Madrid», Hughes cuenta la impresión que le produjo La Niña de los Peines un domingo por la mañana, en un céntrico teatro de la ciudad, en medio de una ciudad sitiada y destruida por las bombas y la falta de suministros de todo tipo: «El potente, extraño y salvaje quejido de su flamenco me pareció, en algunos aspectos, muy semejante al de los primitivos *blues* negros del sur profundo. Las letras y la música estaban llenas de congoja, pero vibraban con la resistencia a dejarse vencer y estaban endurecidas por la voluntad de saborear la vida pese a sus vicisitudes».[125]

Leyla McCalla camina en una sintonía similar: no dejarse vencer y saborear la vida, como Pastora Pavón, a través de la música. En una entrevista para la radio NPR, comentaba que ahora está investigando la música del brasileño Caetano Veloso, en una lógica de interés permanente por los sonidos que mezclan apego a la tierra y compromiso político. Una construcción que cree que es indispensable en estos tiempos inestables, donde las luchas por los derechos civiles están en una situación de tensión en medio mundo y cuando es difícil aventurar cuál será el resultado. Además, su percepción como madre de tres hijos está influida necesariamente por la zozobra que genera una pandemia global que acrecienta las desigualdades. Desde esa perspectiva, Leyla McCalla responde con la sinceridad que muestra en todo en lo que se involucra: «La pandemia me ha hecho sentir esperanza y temor por el futuro a partes iguales. Supongo que es la clásica respuesta maternal, pero sí veo muchas cosas buenas en las personas y en las cosas que están sucediendo en el mundo y, por supuesto, en mis hijos, y, sin embargo, no puedo evitar pensar qué otras cosas tendrán que enfrentar y de las que no podré protegerlos. Por eso, creo que cada vez es más importante intentar que mis hijos se sientan amados y aprendan a mostrar amor a otras personas. Ahí es donde empieza el verdadero cambio».

CAPÍTULO 14
We are one

Rollin' Joe[126] llega en un *pick up* negro de enormes ruedas y con los cristales tintados. Baja del coche con agilidad, prácticamente de un salto. Viste todo de negro: gorra con la visera hacia atrás, pañuelo al cuello, camiseta ajustada, pantalón corto y zapatillas de baloncesto. Lleva unas grandes gafas de sol que se quita cuando empieza la conversación, tras ellas hay una mirada viva y profunda. Su tono de voz es grave, tiene ritmo, alarga cada frase hasta darle una tonalidad redonda, como si fueran rimas que terminan habitualmente con un «y' know».* Con ocho años su tío le llevaba a las *secondlines* de otros barrios y ahí se enganchó al baile, la diversión y el disfrute: «Cuando estás cerca de la banda, el ritmo te entra en el cuerpo y no puedes evitar moverte y que saque lo mejor de ti».[126] Rollin' Joe tiene aura de líder, es presidente del Pigeon Town Steppers Social Aid and Pleasure Club de Nueva Orleans. Se trata de uno de los clubes de *secondline* de la ciudad, que se creó en 1993 en un distrito que tuvo alguna tradición musical en el pasado que él y sus colegas no llegaron a conocer. Cuando constituyeron el club, no había ningún espacio de música en la zona, querían hacer algo nuevo por su comunidad. Rollin' Joe es un tipo de barrio. Conoce bien las necesidades del vecindario, las cicatrices que han marcado a su comunidad y la precariedad de muchas familias. Él forma parte de todo eso, su territorio está

---

*Forma corta de you know, en castellano: «ya sabes» o «¿sabes?».

delimitado por la gente con la que ha crecido y los códigos de respeto que han establecido colectivamente a través del tiempo. Su autenticidad está en cada gesto y cada palabra.

Cuando Rollin' Joe tenía doce años, una bala le alcanzó mientras montaba en bicicleta con su primo: «Era la noche de Mardi Gras. Después de un largo día por la calle, mi abuela nos pidió a mi primo y a mí que fuéramos a comprar comida, pero a la vuelta de la esquina un tipo nos pegó un tiro. Dijo que nos había confundido con otro que le había disparado antes, no sé cómo nos pudo confundir, éramos niños. Yo estaba pedaleando en la bici y mi primo iba detrás, así que, cuando me dispararon, me quedé paralizado al instante, nos caímos. Eso... Buff». Y continúa sin detenerse: «En ese momento no me di cuenta de la gravedad, al día siguiente estaba en la silla de ruedas, pero era un crío, quería seguir disfrutando, seguir siendo un niño, es como si no me hubiera dado miedo, no me di cuenta. Seguí intentando hacer lo que hacía con doce años, seguí jugando con mi hermano, yendo a todas partes con él, me agarraba con una cuerda a su bicicleta y me llevaba a todos lados. No me dejaba nunca. Y eso me mantuvo siempre motivado y activo».

Desde esa forma de entender la vida, de querer sentirse activo, comenzó a pensar en montar un club. «En 1993 celebramos una gran fiesta con una banda de *secondline* que vino al barrio y a todo el mundo le encantó. Decíamos: "Tío, tenemos que hacer nuestra propia *secondline*", porque las *secondlines* están en la comunidad de la gente... ¿Sabes lo que te quiero decir?» De lo que Rollin' Joe habla es de un sentimiento de liberación, un *beat* colectivo que envuelve a la gente en un latido común. Un espíritu de libertad para expresar la fuerza de seguir vivos a pesar de las circunstancias, un mantra con golpe y compás que es un llamamiento a la resistencia contra la imposición del poder, que es racismo y explotación. En la *secondline* nadie es mejor que nadie, la unidad del grupo, la potencia de la música y la improvisación del baile son un desafío a las normas. Todo junto tiene sentido como metáfora de lucha indomable a pesar de los golpes, donde los cuerpos y sus movimientos expresan una memoria compartida.

Pigeon Town es un barrio de mayoría afroamericana. A pesar de que el club es relativamente joven, Rollin' Joe apela a la historia para explicar lo que representa la *secondline*, desde los primeros *jazz funerals* hasta el momento actual: «Esta es una cultura que tiene trescientos años de antigüedad o más, ahora lo tomamos más como diversión, antes se lo tomaban más en serio, había una verdadera lucha, ¿sabes?, contra el racismo y la brutalidad, y esta era su manera de estar juntos, de pasar un buen rato». Su discurso remite al sentido de pertenencia: «En 1994 salimos con nuestra *secondline*. Empezamos con nuestro propio club, éramos *rookies*,** pero nos interesaba mucho, así que nos informamos todo lo que pudimos, nos explicaron todo lo que había que hacer para ser un club de verdad. Porque al principio era más informal…, sin pedir permisos a la policía…, pero después de esos primeros años decidimos que no queríamos que nos parasen, que ya íbamos más en serio, con el vestuario y todo lo demás, así que pensamos: "Bueno, vamos a pedir el permiso legal"».

Rollin' Joe encabeza los desfiles de su club bailando sin parar desde la silla de ruedas, que agita en todas direcciones. Cada año eligen la banda de la ciudad que consideran que se adapta mejor para el desfile, es importante que conecte con la dimensión que quieren expresar. En una entrevista para la revista *OffBeat*, Rollin' Joe explicaba el significado de cada miembro de la banda en los desfiles de los clubes y la reacción que generan: «Las *brass band* tienen tal vez cinco o seis instrumentos de viento. Cuando estás en la calle, cada uno de ellos te da un tono diferente. Con la tuba, quieres saltar más alto; con la trompeta, quieres

---

**Novato.

ponerte de puntillas; con el trombón, quieres saltar y brincar, y el saxofón te agita. Una vez que se ha captado el sonido de la música, con todos los instrumentos combinados, solo quieres moverte...».[127] A partir de ahí, de tener «una buena *brass band* —explica—, empieza la fiesta».

La *secondline* es un día importante, genera expectación social, tiene elementos de orgullo de barrio y parte de su trama es desvelar el esfuerzo de un año de cara al evento, para mostrar el resultado del trabajo realizado colectivamente. Para Rollin' Joe, estar en un club y presentarse ante la comunidad, con todo el vecindario esperando la ocasión y atravesando calles durante horas, es emocionante. En el Pigeon Town Steppers Social Aid and Pleasure Club, una de las particularidades son los trajes que presentan cada temporada, que son un secreto hasta el día de la *secondline*. No todos los clubes le dan la misma relevancia al asunto: «Esperas un año a que llegue este día y, cuando se acerca, te bailan mariposas en el estómago y, una vez que sales a la calle, te sientes ligero, no te pesan los pies, se mueven solos, estás flotando. Porque estás muy emocionado, y vas vestido con los colores del club, con todo lo que eso supone».

Los trajes implican un gasto, conseguir la financiación es un ejercicio colectivo: «Creo que ver a todo el mundo salir de esa forma es una tradición, parece algo cultural, porque todos vamos vestidos igual. Con los abanicos, las plumas y todo eso. Por ejemplo, los zapatos que usamos son muy caros, valen como mil quinientos dólares, se encargan a Italia y se hacen especialmente para la ocasión. Si no tenemos dinero o si hay una sola persona que no los puede pillar, buscamos otro calzado. Nos ayudamos a conseguir el dinero entre todo el club y, si no hay, pues vamos en zapatillas y ya está». Lo importante es que el vestuario sea elegante, normalmente colorido y que genere conversación. La ropa del club es un elemento más de la *secondline*.

El antropólogo musical Matt Sakakeeny, residente en Nueva Orleans, ha escrito varios libros sobre las características sociales y políticas de las *secondlines* y describe así su importancia desde el punto de vista colectivo: «Los desfiles son foros para la comunicación social, y la música participativa que los anima es, literalmente, una práctica de escucha y de ser escuchado». En su opinión, la reciprocidad que suscita esa empatía sonora es un acto político en sí mismo: «Ocupar las calles con tradiciones culturales negras articula una suerte de derecho a la ciudad». En su libro *Roll With It*, Sakakeeny recoge una declaración de Je Nean Sanders, del We Are One Social Aid and Pleasure Club: «Cuando hay una *secondline*, un *jazz funeral*, o incluso cuando la gente quiere protestar por alguna injusticia que afecta a su vida, podemos salir juntos, batir palmas y cantar, ver a nuestra familia y amistades, y coger fuerzas para salir adelante». Ese «salir adelante» se refiere a las circunstancias cotidianas de la comunidad, pero también a la necesidad de reivindicar la continuidad de una tradición de lucha y resistencia. Sakakeeny explica ese sentimiento como una suerte de «reparación frente a las injusticias» que se apodera de quienes participan en el encuentro tomando la calle y reivindicando a través de la música que sus vidas importan. Un movimiento social que, según Je Nean Sanders, es lo que da forma al conjunto y que solo se entiende desde el poder de la música: «Las *brass band* nos unen».[128]

Todos los clubes tienen características similares, aunque sus trayectorias y modos son distintos. Los hay de todo tipo: solo de mujeres, solo de hombres, mixtos, tradicionales o más informales: «La mayor parte de los clubes comparten un código de vestimenta, con trajes y colores propios. Cada club tiene una banderola con su nombre, con la fecha en la que fue establecido. También la mayoría nombra anualmente un rey y una reina del barrio, algunos no, pero es una tradición. También incorporamos otras cosas, como hacer actividades con los chavales», cuenta Rollin' Joe. Esa voluntad de incorporar a los más jóvenes a la tradición de la *secondline* es importante y una de sus características más visibles: la diversidad de edades e identidades que se dan lugar en perfecta armonía y buen rollo. Para él, esa particularidad de la vida alrededor de la música es intrínseca al lugar donde han nacido: «Tiene que ver con Nueva Orleans, que es una ciudad que gira en torno al jazz, dicen que aquí fue su nacimiento, y también es un lugar donde viven muchos músicos. Es una ciudad musical, hemos crecido dentro de esto. Si no tienes un miembro de tu familia que hace música, te unes a una banda o vas a la *secondline* y ves cómo tocan. Siempre que se hace una fiesta en Nueva Orleans, una boda, un funeral…, lo que sea, tiene que terminar con una banda de música, eso sí es una tradición».

Una tradición que reivindica una larga línea de continuidad. Para el periodista Jason Berry: «En la música de la *secondline*, la arquitectura humana que se creó en los anillos de las danzas de Congo Square se ha reorganizado». Han pasado de un círculo en un punto fijo a una expresión en movimiento. Pero, según apunta Berry, hay una energía similar que tiene que ver con la sensibilidad africana: «Los gritos de alegría de la gente que desfila, los pies golpeando las calles… se unen a los patrones de llamada y respuesta de las trompetas y los instrumentos de viento, jugando con el ritmo y el redoble de las síncopas de los tambores».[129] Hay una expresión frecuente cuando se habla de lo que la *secondline* representa socialmente: *carry it on*! o *pass it on*!, que significa algo así como «pásalo o síguelo», y que conecta Congo Square con las *secondlines*. Para Rollin' Joe esas expresiones «significan que hay que continuar la *secondline*. Yo voy a morir, pero nuestro legado seguirá. "Pásalo" es seguir luchando, como si lo hiciéramos contra una ley con la que no estamos de acuerdo. Es pasar a los jóvenes el legado. Hay que seguir adelante, mantener viva la *secondline* es mantener la lucha. Por eso debe seguir viva, porque es la gente la que la va a mantener, son los jóvenes los que la seguirán, de alguna forma nosotros mismos seguimos un legado que ya estaba».

La planificación del recorrido es importante en ese encuentro de movimiento que puede durar más de cuatro horas. Además, tienen la obligación de informar a las autoridades, con la exigencia de pagar una tasa —cada vez mayor— a la policía. En el diseño de la ruta se tiene en cuenta la comunidad, a los fallecidos y los bares del barrio que apoyan al club. El tiempo de parada en los bares está también calculado para no demorar el camino. Rollin' Joe dice que a él ese día se le cierra completamente el estómago, que solo está para el baile y lo que representa desfilar en público. En un anuncio sobre el itinerario de su *secondline* de 2012, Pigeon Town Steppers Social Aid and Pleasure Club anunciaba así la ruta: «El desfile va desde Central City a través de Gert Town, serpenteando a través de Hollygrove y Carrollton antes de disolverse en el Blue Flame Lounge en 1932 Joliet St. Las paradas incluyen el Foxx II Lounge, Broadway Bar, E&C Lounge, Maple Leaf Bar, H&H Lounge, Sista Sista Bar & Lounge, y una pausa en Hickory St. para honrar al gran jefe Lionel Delpit de los *indios* Black Feather del Mardi Gras, que falleció en julio de 2011».

Pigeon Town tiene un día fijo en el calendario para el desfile: «Casi todas las fechas estaban ya reservadas, y las *secondlines* son normalmente en domingo. Así que pillamos el domingo de Pascua, que estaba libre». Lo dice con satisfacción porque le parece una fecha «perfecta». Y añade otro de los motivos fundacionales de su club: «Cuando planificamos la ruta y por dónde queremos pasar, siempre pensamos en toda la gente mayor que no la ha vivido en su juventud y no puede unirse ahora a la *secondline*, así que nos aseguramos de pasar por sus casas y bailar con ellos. Luego estas personas, por ejemplo, cuando van a la iglesia, cuentan a la gente del barrio lo bonito que es lo que estamos haciendo, y que además traemos los colores de la Pascua, de la primavera».

Rollin' Joe lleva el mismo tiempo formando parte de la *secondline* que jugando al baloncesto. Empezó ambas pasiones a la vez, en 1993, después de un bajón anímico: «Llevaba un año malo, la gente trataba de animarme, pero yo no encontraba sentido…». Todo cambió a raíz de crear el club y entrar en un equipo con otros jugadores de baloncesto en silla de ruedas. En el Pigeon Town Steppers están sus colegas del barrio y en la cancha, amistades de toda Luisiana. «Amo el baloncesto tanto como la *secondline*, los dos me han dado mucho, me han hecho ver la vida de manera diferente —respira hondo y a continuación prosigue—: Yo jugaba con mi hermano y colegas del barrio, pero cuando llegué al equipo y vi a gente en la misma situación, sentí la vida de manera diferente. Empezamos a jugar partidos con otros equipos, viajamos a otras ciudades, y cuando voy a los campeonatos nacionales…, ¡hay más de mil jugadores en silla de ruedas!, es como ir a otro país. Eso es increíble.» En ambos escenarios se entrega, por lo que cuenta, con todo.

La charla con Rollin' Joe tiene lugar cinco días después de la victoria de Trump en las elecciones de 2016. Suspira con media sonrisa y levanta los ojos divertido antes de responder: «Los pobres tenemos que mejorar nuestras condiciones de vida. Donald Trump como presidente no va a evitar que haga lo que estoy haciendo, no me va a parar. Simplemente, tienes que hacer lo que piensas que es correcto para ti, para los tuyos, y confiar en la suerte. Nada de lo que ellos hacen nos afecta nunca —y remata con orgullo—: Me aseguraré de seguir a flote y no ahogarme… *y' know*?».

SOUL of NEW ORLEANS
BIG TIME
SOUL-FRIED
CHICKEN.
BUDWEISER
3 CANS
BIG

ANEXO
Alrededor del Festival de Jazz[130]

«Lo mejor del JazzFest es lo que ocurre fuera de él», dice un asistente al concierto de la Treme Brass Band en el Candlelight Lounge, un garito situado en el conocido barrio de Tremé en Nueva Orleans donde la autenticidad brota por todas las esquinas. Antes, en la sala diáfana de techo bajo y ambiente cargado, la música ha fluido sin ningún adorno. Por diez dólares se obtiene una entrada que incluye el concierto y un estupendo plato de frijoles con arroz. El Candlelight está fuera de la ruta que marcan las guías turísticas; quienes han llegado hasta aquí saben que van a disfrutar de un concierto especial. Vita, la camarera, tiene más energía en el cuerpo que la multinacional eléctrica que patrocina el macroevento del JazzFest. Con cincuenta y pico años y «dos hijas mellizas», le da tiempo a atender con impresionante elegancia y a bailar mejor que todo el respetable junto. Antes de que el concierto empiece y la sala se llene de gente dispuesta a darlo todo, ha llevado un plato de comida a un vecino que vive cerca y «está malito», puro barrio. Vita, como el resto de las personas que gestionan el bar, es afroamericana, como la mayoría de la población del que fue el primer vecindario negro de Estados Unidos, donde nació el jazz hace poco más de doscientos años.

Todos los jueves actúa Kermit Ruffins en el Vaughan's. Hay más gente de lo habitual porque con el JazzFest la ciudad prácticamente ha duplicado su población. Ruffins es un icono de Nueva Orleans. Presente en multitud de anuncios publicitarios, su proyección como personaje representativo de la ciudad pesa más que su habilidad tocando la trompeta, que es mucha. Ruffins protagoniza una escena genial en la serie *Treme*, de David Simon. A uno de sus conciertos en el Vaughan's acude Elvis Costello; terminada la actuación, y mientras el trompetista se fuma un canuto, le sugieren que quizá sea bueno acercarse a Costello para salir de Nueva Orleans y darse a conocer. Entre la opción de la fama y seguir disfrutando con sus colegas de barbacoas, hierba y actuaciones locales, prefiere lo segundo, así que pasa de acercarse a saludar al bueno de Elvis Costello. No es ficción, la calidad de vida funciona aquí con distintos parámetros que en *idiotizadas* sociedades en las que el ritmo lo marcan Twitter, Facebook o la televisión.

El Vaughan's se encuentra en el gentrificado barrio de Bywater; aun así, su autenticidad está fuera de toda duda. De eso se encarga Cindy, la dueña. Con aire de gran dama de los años sesenta, es una excelente anfitriona. Si vas cuando no hay concierto, suele pedir unas pizzas gigantes para invitar a los clientes de un bar de cuyas paredes cuelga profusa decoración mexicana, además de retratos de algunos de los grandes artistas de la música —desde Louis Armstrong a Ray Charles, Ella Fitzgerald, Fats Domino, Lionel Batiste, Dr. John y, obviamente, Kermit Ruffins—, letreros y banderines con distintos motivos. Uno de ellos, con la siguiente leyenda: «Beer, the reason I get up every afternoon».* Los jueves de concierto, en el porche del bar, se organiza una enorme barbacoa alrededor de la cual se juntan los colegas de Kermit, la gente de Tremé que le acompaña, pero que prefiere escuchar la música desde fuera, comiendo costillas y alitas de pollo, antes que entrar a un concierto en exceso cargado de turistas, curiosos o fascinados de última hora con gatillo fácil en el móvil. Una sugerencia para mañanas con la cabeza deconstruida: el *bloody mary* del Vaughan's es espectacular.

---

* Cerveza, la razón por la que me levanto cada tarde.

Nueva Orleans es uno de los principales destinos turísticos para los estadounidenses. En buena parte por el French Quarter, el barrio más antiguo de una ciudad cargada de influencias culturales. La calle más famosa de este distrito es Bourbon Street. Conocida como *la calle del pecado,* no es más que una cargante secuencia de locales de ocio preparados para el turismo de consumo. Sin embargo, en una calle perpendicular, Saint Peter Street, se encuentra Preservation Hall. Desde 1961 se encarga de «preservar el honor del jazz de Nueva Orleans». Lo hace con extremado cariño en una sala de madera donde apenas caben cien personas en un ambiente que invita al respeto: no se puede fumar, no se puede beber, no se pueden hacer fotos. *Just music,* solo música. Hay tres filas con bancadas de madera y el resto del personal tiene que escuchar la sesión de pie. A la derecha de la banda, compuesta por clarinete, trombón, contrabajo, piano, trompeta y batería, hay un reservado ocupado por dos elegantes señoras mayores afroamericanas que parecen guardianas del tiempo, el espacio y la música. Cuando empieza la actuación, la emoción de sus caras refleja la perspectiva de un ritmo liberador.

Tras el huracán Katrina en agosto del 2005 y la negligencia institucional de una Administración de Bush que pidió rezar a los habitantes de una ciudad premeditadamente abandonada, el músico Michael White perdió su colección de más de cincuenta clarinetes, arrasados por la tormenta. Pasados los primeros barros, declaró: «Nunca perderé las cosas más valiosas que tenía antes del Katrina: el jazz, la memoria, el conocimiento de los viejos músicos y la fuerza y la sabiduría que viene de treinta años de una vida dedicada al jazz. Esas cosas estarán siempre conmigo y enriquecen mi alma». La atmósfera de una ciudad donde la música está permanentemente en el ambiente no parece marchitarse por mucho que llueva o cambien los tiempos.

No todo es alegría en un clima que mezcla, calor, bochorno y tormentas. La ratio de asesinatos en la ciudad es diez veces mayor que la media nacional y el 80 por ciento de la población reclusa en el estado de Luisiana son personas negras. La policía goza de una merecida mala reputación y las drogas duras están tan extendidas como la desesperanza por alcanzar un mínimo de garantías sociales. Nueva Orleans cohabita en uno de los estados más reaccionarios del sur de Estados Unidos, donde, a pesar de la evidente profusión de los desmanes producidos por las armas, el gobernador Bobby Jindal tiene la *jeta* de señalar —en la convención de la Asociación Nacional del Rifle, que se celebra estos días—que la «excepción americana garantiza la libertad del individuo», y por eso defiende sin sonrojarse que Luisiana tenga una de las leyes de control de armas más suaves de todo el país, a pesar de los miles de muertos, la mayoría anónimos. Paradojas de una tierra que mezcla calidad culinaria, excelencia musical y amabilidad con la política basura que los gobierna.

Asuntos que se dejan de lado en Frenchmen Street, la calle donde se agolpan un buen montón de bares con música en directo. Locales como el d.b.a, Spotted Cat, Snug Harbor, La Maison o Little Gemis. Cada uno con su particularidad, con sus estilos y sus públicos. La calle donde también hay espacio para los músicos callejeros, para disfrutarlos, apreciarlos si su calidad es suficiente y ser valorados por un público exigente que, por encima de estilos y apariencias, valora el compromiso con los instrumentos, con la voz, con la propuesta musical.

Mientras esto ocurre fuera del JazzFest, lo que hay dentro es digno de tenerse en cuenta. Doce escenarios con música en directo: jazz, góspel, *blues, country, rock, reggae...* Enumerar la lista de artistas sería interminable, citar a algunos de ellos como destacados sería menospreciar a otros muchos. Cerca de cuatrocientas bandas y solistas, muchas criadas en Nueva Orleans. Me quedo, desde la ignorancia, con unas pocas.

Los Hombres Calientes hacen entre *latin-jazz* y *funk*, géneros que no me apasionan en diferido, pero de los que, hundido hasta las rodillas de barro, disfruto. Mucho más, entre un público que sabe apreciar como pocos la calidad del viento. Irma

Thomas, en la Gospel Tent del festival, pone los pelos de punta con su voz. También con la emoción que trasmite, especialmente a una pareja de afroamericanos ancianos que se sienta a mi derecha y que están espiritualmente entregados. Una asistente al concierto con aspecto de no creerse las cosas fácilmente dice: «Si esto sonara todos los domingos en la iglesia, sería capaz de ir». A Jimmy Cliff se le nota que no ha renunciado, afortunadamente, a sus aires de pandillero en Kingston. Y el público, que no son precisamente adolescentes ni jóvenes universitarios, lo agradece infinito mientras le ponen olor al encuentro entre el JazzFest de Nueva Orleans y Jamaica. Cliff, con sesenta y cinco años, canta y se mueve al ritmo de «The Harder they Come» como si fuera ayer. El jamaicano tiene tiempo para poner la nota reivindicativa pidiendo la salida de las tropas estadounidenses en Afganistán para que no ocurra «otro Vietnam», además de denunciar lo que ocurre en Siria o en Sudán. En el escenario principal, Willie Nelson ha cumplido ochenta años cantando *country* y poniendo protesta a la canción. Su voz está alejada de la vida cosmopolita, atiende a las reivindicaciones de la tierra, a las formas de vida alejadas de las consolas y los constantes mensajes por WhatsApp. La composición del público demuestra que los buenos de las películas americanas, del tipo de los personajes de *Easy Rider*, existen a tropel en Estados Unidos. La veteranía del cantante es muy apreciada en una sociedad donde la música tiene enorme relevancia. Este año el festival lo cierra por primera vez Trombone Shorty and Orleans Avenue. Troy «Trombone Shorty» Andrews actuó por primera vez en el JazzFest con cuatro años, hizo una gira mundial con seis y con once ya tenía su propia banda. Ha tocado junto a Lenny Kravitz y ahora cierra con veintisiete años el festival que se celebra en su ciudad mezclando jazz, funk y rap y tocando magistralmente el trombón y la trompeta.

La documentalista Lily Keber dice que Nueva Orleans es «la ciudad más al norte del Caribe». Keber ha presentado estos días una maravillosa película sobre James Booker (*Bayou Maharajah: The Tragic Genius of James Booker*), un pianista nacido, crecido y fallecido en la ciudad de Luisiana que era negro, homosexual, heroinómano, tuerto y bipolar. Excelente tarjeta de presentación en una ciudad donde saben apreciar el virtuosismo.

Agradecimientos

Este libro no sería posible sin Ethel, que lo atraviesa con sus miradas, aportaciones, músicas, humor y amaneceres. Tampoco se habría gestado sin Lily Keber, hermana querida con la que proyectamos futuros viajes y risas. Si he logrado asomarme a muchos rincones de Nueva Orleans, es gracias a ella, campeona del mundo en actitud auténtica, sensibilidad consecuente y honestidad en el trato y la forma. Algunas personas que me presentó en excelentes atmósferas no aparecen en el libro, pero están entre líneas. Un reconocimiento especial también para Maggie Schmitt, querida amiga que estableció el contacto.

El texto tiene protagonismos múltiples, que se abrieron a hablar en encuentros cargados de buena atmósfera. En Nueva Orleans, gracias por su tiempo a Jordan Flaherty, Cole Williams, Malik Rahim, Allison Toussaint, Dr. Michael White, Ben Jaffe, Clint Maedgen, Jorge Fuentes, Cindy Badinger, María José Salmerón, David Torkanowsky, Leyla McCalla y Rollin' Joe. Gracias también a otras personas que han participado en la elaboración del texto y las entrevistas, como Sebastiaan Faber, de The Abraham Lincoln Archives; Kenn Lending, guitarrista de *blues* y *compadre* de Champion Jack Dupree; Rosa Marquetti, musicóloga de referencia que trabaja en la admirable Colección Gladys Palmera que dirige Alejandra Fierro; Antonio Benamargo, fuente de sabiduría y saber estar flamenco; Joaquín San Juan, director de Amor de Dios; Rosa Montoya, que extendió el baile con *olés* por Estados Unidos; Cecilia Molina maestra flamenca; Román

Filiu, por el repaso al capítulo de Santiago de Cuba, espero que vayamos hacia buenos puertos con Suona Records.

Gracias a New Economy Coalition, que me invitó a un encuentro con activistas de Estados Unidos en Búfalo en 2016 que fue también fuente de inspiración y conocimiento para *Bulbancha*. Un abrazo para Kali Akuno, del Malcolm X Grassroots Movement de Jackson, Luisiana, y para Óscar Recinos Morales, de la Federación de Cooperativas de la Reforma Agraria, Vía Campesina, de El Salvador.

Gracias a Isabel Monzón, Javier Odriozola, Melvis Santa y David Virelles, porque me dieron las primeras pistas de por dónde no debía ir, espero que el resultado final siga sus consejos. A Javier Moreno, Luciana Bercovich y Jana, porque viven mezclando dos asuntos por los que está escrito el libro: el respeto a la música y los derechos humanos. Un montón de amor para todos ellos porque son familia.

Gracias a Luis Soldevila, de Katakrak, porque me dio buenas pistas. A Fermin Muguruza, porque juntos conspiramos sobre nuestros respectivos proyectos en Nueva Orleans. A Dick Angstadt, del Bogui, Mario Benso y la familia de Cifu, por las enseñanzas jazzísticas y el buen trato. A Martín Guerrero, por su exquisita hospitalidad en Casa Patas, faro que ha iluminado muchas noches que están presentes de una u otra forma en el texto. A Roberto Tempo y la Sala Clamores, por programar música en vivo de altísimo nivel, necesaria para acariciar los ritmos que el libro propone. Igualmente, gracias a Ángel y Manuel, de las Bodegas Alfaro de Lavapiés, que hicieron seguimiento anímico: un día iremos a disfrutar juntos de Nueva Orleans.

Gracias a la librería Traficantes de Sueños, que alimentó buena parte de la biografía que acompaña el libro y que desde hace años nutre mis aprendizajes. A José Manuel Caballero Bonald, que me animó a reivindicar la música como perspectiva de futuro en estos tiempos de zozobra. A Diego Manrique, por la primera lectura, mis respetos siempre por sus enseñanzas sonoras:

El planeador de M21 Radio estuvo presente, a pesar de las censuras. A Carlos Vidania: espero que volvamos a pillar el mismo camino algún día, y una disculpa, a medias, por el asunto de las gafas. A Frecho, de Revolt Music & Records; Fernando, de Bajo el Volcán; Montse y Alex, de Jazz y Más, tiendas de música en Madrid, imprescindibles centros culturales que han nutrido los sonidos del relato; Frecho, además, es compañero de andanzas desde hace décadas. A Rodri, Elpida, Julen y el resto de la familia *muzunguera*, en especial a Barri, por aquellos viajes por el mundo: el primero que hicimos a Nueva Orleans con el periodista Antonio Gil fue determinante para engancharme a la ciudad y querer escribir sobre ella. A LPO, por sus dibujos y su fidelidad a la ética ilustrada: siempre nos quedará *M21 Magazine*, con Enrique Flores a la cabeza. Al editor Santiago Gerchunoff, porque creyó en *Bulbancha* desde la primera conversación. A Íñigo Lomana por su valiosa aportación en el remate final. A Edu Bravo por la arquitectura.

Mi particular *jazz funeral* a muchas personas que están de alguna forma en las páginas de este libro. A María Díaz Merlo, que me contagió su amor por Billie Holiday una mañana soleada subiendo la cuesta que lleva a Luriezo; a mí tío Leoncio, promoción del Ramiro de Maeztu de 1953, señor de radio diaria, buenas maneras y humor frente a la vida; a Teo Sacristán, que fue director de la Feria del Libro de Madrid y con quien tuvimos un amor de verano en Guadalajara, México: él fue una constante en el apoyo a mi escritura, le abrazo siempre a través de su querida Charo; a Juanjo de Blas y Merche Chiscón, su actitud punk fue un estímulo, la película de La Polla Records es de ambos; a Chato Galante, militante de la dignidad y memoria de las víctimas del franquismo, por no rendirse, y a Justa Montero por los abrazos cálidos que mantenemos; a Moni, en homenaje a su padre y a todas las personas que se fueron en estos tiempos de pandemias e indignidades políticas. En la misma proporción, a Inma, combatiente valiente de Sevilla, Lavapiés y Chiclana, un abrazo enorme en recuerdo de su madre. A Jordi Abusada por la magia de su punto de vista. A María Luisa, genio y figura, madre de un trío con personalidad aguda, por sus rancheras santanderinas y los buenos tragos. A Juan y Nico, por mantener el maravilloso acento del sur de Mar. A una cantidad de artistas de la vida que se marcharon en estos años complejos, como el irrepetible Rómulo Sans o el Leñero Sebas. A David Garí Pérez siempre. Faltan nombres, pero el hueco está presente en ceremonias musicales donde *a menudo llueve*.

Gracias a mi familia, con mi madre y su forma de encarar la vida a la cabeza. A mi tía Mayte y a mi primo Daniel, a su familia. También a la memoria permanente de mi padre, por su humor, elegancia y dignidad. A mis hermanos y hermanas, a sus entornos, que son los míos. A Jana y Liliana, queridas hijas, motor fundamental de energía en estos tiempos, espero que puedan bailar ritmos de liberación y alegría colectiva.

Jacobo Rivero
Lavapiés, Madrid, 1 de marzo de 2021

Notas

Introducción

[1] Zwerin, *Swing frente al nazi*, pp. 130 y 131.

[2] Gioia, *La música*, p. 409.

[3] *Ibid.*, p. 19.

[4] Denis-Constant, *El góspel afroamericano*, p. 34.

[5] Gioia, *Historia del jazz*, p. 47.

[6] El *blues* fue anterior al jazz, tiene relación con los llamados espirituales, canciones de trabajo e influencias de música europea pero nacida en las zonas rurales más pobres. La importancia del Delta del Misisipi es crucial a la hora de configurar la expansión del *blues* como una música de la comunidad negra.

[7] Marsalis y Ward, *Jazz*, p. 162.

[8] Mezzrow, *Really the Blues*, p. 282.

[9] Simon, «An Interview».

[10] *Treme*, episodio 1, temporada 1, «Do You Know What It Means?», dirigido por Agnieszka Holland, escrito por David Simon y Eric Overmyer, protagonizado por Khandi Alexander, Rob Brown, Kim Dickens, HBO, 2 de mayo de 2010, https://es.hboespana.com/series/treme/season-1/episode-1/3b1f95c-009b03b5503.

[11] «El desastre del Katrina en 20 cifras», *El País*, 29 de agosto 2015.

[12] Collon, *Huracán*, pp. 94 y 95. «Cuando llegamos cerca del puente de la autopista, los policías armados habían formado una línea a través de la base del puente. Antes de que nos hubiéramos acercado lo suficiente para hablar con ellos empezaron a disparar con sus armas sobre nuestras cabezas. [...] Era una manera de decir: si sois pobres y negros no

atravesaréis el río Misisipi y no escaparéis de Nueva Orleans».

[13] Fox, «Letter from the Editor», p. 3.

[14] Flaherty, *Floodlines*, p. 106.

[15] McDowell, «Sick Days».

Capítulo 1 – Luna llena de Santiago de Cuba

[16] Jiménez, «El ascendente».

[17] Georg Predota, «Louis Moreau Gottschalk», *Interlude*, 6 de agosto de 2019, https://interlude.hk/louis-moreau-gottschalk-composer-of-the-month/.

[18] Rosa Marquetti, entrevistas con el autor, junio de 2020. Todas las citas de Marquetti que aparecen en el capítulo han sido extraídas de estas entrevistas.

[19] Alemany Bay, «Federico García Lorca».

[20] Eduardo Madroñal, «El duende de Lorca», *La mar de Onuba*, http://revista.lamardeonuba.es/el-duende-de-lorca-ayer-y-manana/.

[21] Shapiro, «19th-century New Orleans».

[22] En el libro *El alma del cubano: su música*, el autor Óscar Oramas Olvia señala lo siguiente sobre la aportación de Moreau Gottschalk: «La riqueza de la música cubana, en especial en lo que se refiere al color instrumental y a la opulencia poderosa de sus patrones rítmicos la hace bastante contagiosa. A esos efectos, Aurelio de la Vega y otros investigadores indican que históricamente hay muchas injusticias y hasta omisiones, en algunos casos premeditadas, en lo que se refiere al reconocimiento de la importante influencia que ha ejercido la música de nuestro país en el desarrollo de la música norteamericana. Por ejemplo, se olvida que las protoformas del *ragtime* fueron llevadas a los Estados Unidos desde el Caribe por el compositor norteamericano Louis Moreau Gottschalk (1829-1869), quien las introdujo en Nueva Orleans». (Oramas, p. 69.)

23 Sublette, *The World That Made*, p. 5

Capítulo 2 – Jazz y democracia

[24] Dr. Michael White, entrevista con el autor, 10 de noviembre de 2016. Todas las citas de White que aparecen sin nota en el capítulo están

extraídas de esta entrevista.

[25] Dr. Michael White, *Blue Crescent*, Basin Street Records, 2007.

[26] Para conocer mejor la potencia de las *secondlines* en Nueva Orleans y los debates que genera, véase Sakakeeny, *Sigue adelante*.

[27] White, «Reflections of an Authentic Jazz».

[28] *Ibid.*

[29] Marsalis y Ward, *Jazz*, p. 31.

[30] «About», Black Lives Matter, https://blacklivesmatter.com/about/.

[31] *Black People. I love you. I love us. Our lives matter. Black Lives Matter.* (Alicia Garza, «Black People», Facebook, 13 de julio de 2013.)

[32] «About», Black Lives Matter.

Capítulo 3 – Funerales con música

[33] Herbie Hancock (@herbiehancock), «We lost a great pioneer», Instagram, 3 de abril de 2020, https://www.instagram.com/p/B-hdyIQgG05/.

[34] Wynton Marsallis, «My daddy was a humble man with a lyrical sound that captured the spirit of Crescent City», *Winton's Blog*, https://wyntonmarsalis.org/blog/entry/my-daddy-was-a-humble-man-with-a-lyrical-sound-that-captured-the-spirit-of-crescent-city.

[35] Dennis, «Dolores Fernidand Marsalis Dies».

[36] *Ibid.*

[37] Flaherty, *Floodlines*, p. 9.

[38] *Ibid.*, p. 15.

[39] Marsalis, «El jazz tradicional».

Capítulo 4 – Sweet Emma & Preservation Hall

[40] Riverside Records se convirtió en uno de los principales proveedores de jazz de Estados Unidos. Publicó a músicos como Thelonious Monk, Bill Evans, Cannonball Adderley, West Montgomery, Sonny Rollins, Abbey Lincoln, Art Blakey, Mongo Santamaria o John Lee Hooker. Con sede en Nueva York, se declaró en bancarrota en 1964. ABC Records reeditó grabaciones de Riverside esporádicamente desde 1967 hasta 1971. Emma Barret grabó también con los sellos de Nueva Orleans Southland Records, Shalom Records, Preservation Hall y 504 Records.

[41] Crocket, «The woman who inspired».

[42] Alcide Slow Drag Pavageau, bajo; Jim Big Jim Robinson, trombón; Emanuel Sayles, banyo; Willie Humphrey, clarinete; Josiah Cie Frazier, batería; Percy Humphrey, trompeta y «maestro de ceremonias».

[43] Nació en Misuri en 1905, falleció en 1992 a la edad de 87 años, está considerado una referencia en cuanto a su criterio y su trabajo como divulgador y estudioso de la música. Semanas antes de morir terminó su biografía sobre Jelly Roll Morton, que le llevó treinta años de minucioso trabajo con entrevistas a personajes como Louis Armstong y otros coetáneos, y realizó una ingente labor de documentación, grabación y archivo de su música, parte de la cual fue publicada en su sello American Music Records. En 1950 Russell, se instaló en el French Quarter de Nueva Orleans y fue un asiduo de Preservation Hall, del que era ilustre vecino. Russell llevó a cabo una enorme investigación sobre el jazz y el medio cultural del que surgió; su colección incluye notas, borradores de artículos, discografías, cintas y transcripciones de historia oral, fotografías de músicos. Amigo de muchos de los músicos que investigó, incluyendo a Armstrong o Mahalia Jackson, guardó cientos de cartas de ellos, así como otros recuerdos de sus amistades. William Russell, o Bill Russell como le conocía la mayoría de la gente, descubrió al clarinetista George Lewis a partir de su trabajo sobre Bunk Johnson, corneta y trompetista de la vieja escuela de Nueva Orleans.

[44] *New Orleans' Sweet Emma and Her Preservation Hall Jazz Band*, Preservation Hall, 1964.

[45] «Emma Barrett Is Dead at 85; Preservation Hall Piano Star», *The New York Times*, 30 de enero de 1983.

[46] Clint Maedgen, entrevista con el autor, 12 de noviembre de 2016.

[47] Jeff, Niesel, «The Preservation Hall Jazz Band and Allen Toussaint Team Up for a Double Bill Steeped in History», *Scene*, 8 de octubre de 2014, https://www.clevescene.com/cleveland/the-preservation-hall-jazz-band-and-allen-toussaint-team-up-for-a-double-bill-steeped-in-history/Content?oid=4389295.

[48] Font, «Bill's Russell American Music», p. 18.

[49] *Ibid.*, p. 17.

Capítulo 5 – Chateau Flamenco

[50] El más reconocido de todos ellos fue el mítico guitarrista Sabicas, que huyó de España tras el final de la Guerra Civil cruzando los Pirineos y vivió en Nueva York hasta su fallecimiento en 1990.

[51] Martin, «Young Dance Team».

[52] En la web de WWOZ definen así a David Torkanowsky: «Tal vez sea su aspecto dramático y oscuro, el don de un padre compositor alemán y una madre bailarina de flamenco. Tal vez sea solo su talento en bruto, unido a su experiencia en los clubes de Nueva Orleans. Tork trabaja continuamente con numerosos artistas y estilos, desde Irma Thomas hasta el aclamado combo de jazz moderno de Nueva Orleans Astral Project». https://www.wwoz.org/acts/david-torkanowsky.

[53] Rosa Montoya, entrevista personal con el autor, 8 de febrero de 2021. Todas las citas de Rosa Montoya que se ofrecen a continuación pertenecen a esta entrevista.

[54] Curiel, «Baltarás despide al coreógrafo».

[55] *Easy Rider* fue la tercera película más taquillera de 1969, solo por detrás de *Butch Cassidy and the Sundance Kid* y la ganadora del Oscar a la mejor película *Midnight Cowboy*.

[56] Peter Biskind, *Moteros tranquilos, toros salvajes*, p. 94.

[57] Cindy Badinger, entrevista personal con el autor, 15 de noviembre de 2016.

[58] Curiel. «Baltanás despide al coreógrafo».

[59] Pilar Diezhandino, entrevista telefónica con el autor, 16 de febrero de 2021. Todas las citas de Pilar Diezhandino que se ofrecen a continuación pertenecen a esta entrevista.

[60] En su autobiografía, Ciro Diezhandino cuenta lo siguiente acerca de los primeros años en Nueva Orleans: «En el nuevo Chateau Flamenco todo transcurría con normalidad y tenía mi publicidad prácticamente por todos los hoteles de la ciudad, y en televisión cada viernes se promocionaba mi tablao con un programa sobre nuestra fiesta nacional de toros. De vez en cuando, y en un elegante y descubierto coche antiguo tirado por caballos, paseaba a mis bailaoras con sus batas de cola y demás parafernalia, abanicos y palillos, largos pendientes y moños bajos.

[...] Y a lo ancho y alto de toda la fachada del local había colocado numerosas banderas españolas. Con todo esto incluido, el tablao marchaba viento en popa». Diezhandino, *Ciro Bailador*, p. 86.

[61] Archivo Comunidad de Madrid, «Bourio y Amor de Dios, una vida dedicada a la danza», 8 de octubre 2014, http://www.madrid.org/archivos/index.php/actividades/muestras/bourio-y-amor-de-dios-una-vida-dedicada-a-la-danza.

[62] Días después de la entrevista telefónica, Pilar Diezhandino en un correo electrónico responde a una pregunta que pidió tiempo para pensar: ¿Cómo definiría a su hermano como bailaor?: «Esa definición que me pedías el otro día de Ciro podría ser esto que nosotros —su familia— pensamos sobre él: "Único e inimitable, con bravura y valentía, arte y pasión, ganas de darlo todo, orgulloso de sí mismo, de lo suyo, de los suyos. Un dechado de aptitudes artísticas: baile, cante, pintura, poesía... Lector impenitente, curiosidad intelectual, fiel siempre a su principio de libertad e independencia. Así era Ciro"».

[63] Joaquín San Juan, entrevista con el autor, 15 de febrero de 2021.

[64] «About», Peña La Pepa, https://flamenconola.com/about/.

[65] Caballero Bonald, «Conversatorios en Casa de América».

[66] José Manuel Caballero Bonald, entrevista con el autor, 6 de abril de 2020.

Capítulo 6 – Frío

[67] Neugass, *La guerra es bella*, p. 88.

[68] *Ibid.*, p. 79.

[69] Sebastiaan Faber, entrevista con el autor, 23 de diciembre de 2020. Todas las citas de Faber sin nota que se ofrecen a continuación pertenecen a esta entrevista.

[70] Ese movimiento del sur a los barrios obreros de ciudades como Detroit, San Luis, Chicago o Nueva York se conoce como la Gran Migración y duró principalmente entre 1920 y 1930.

[71] Yates, *De Misisipi a Madrid*, p. 33.

[72] Su tumba no tuvo identificación hasta que en 1970 Janis Joplin costeó una lápida con la inscripción: «The Greatest Blues Singer in the

World Will Never Stop Singing».

[73] Yates, *De Misisipi a Madrid*, p. 132.

[74] *Ibid.*, p. 133.

[75] Neugass, *La guerra es bella*, p. 100.

[76] *Ibid.*, p. 269.

[77] Citado en Brooks, «Black Vets in Spain».

[78] Yates, *De Misisipi a Madrid*, p. 156.

[79] *Ibid.*

[80] «James Yates, 87, Head of NAACP Chapter», *The New York Times*, 11 de noviembre de 1993.

[81] Neugass, *La guerra es bella*, p. 155.

Capítulo 7 – Champion Jack

[82] «Jack Dupree, pianista estadounidense», *El País*: Necrológicas, 22 de enero de 1992.

[83] Kenn Lending, entrevista con el autor, 5 de enero de 2021. Todas las citas de Lending que aparecen sin nota en el capítulo pertenecen a esta entrevista.

[84] Grundt y Acking, «Barrelhouse Blues».

[85] «Champion Jack Dupree, Jazz Pianist, 82», *The New York Times*, 22 de enero de 1992.

Capítulo 8 – Brillante Misisipi

[86] Dentro de *El mapa secreto* de Radio Gladys Palmera, Diego A. Manrique dedicó un muy recomendable programa a la relación entre Lee Dorsey y Allen Toussaint que puede encontrarse en la web de la emisora. Véase Manrique, «El killer de Nueva Orleans».

[87] El gran referente italoamericano de la música Nueva Orleans es Louis Prima, 1910-1978, de origen siciliano, que nació y creció en el barrio de Tremé.

[88] Botella Armengou, «Cosimo Matassa».

[89] Kauppila, «Cosimo Matassa».

[90] Allison Toussaint, entrevista con el autor, 11 de noviembre de 2016.

[91] El crítico musical Diego Manrique señalaba en su obituario para

el diario *El País*: «Tiene mucho de paradójico el hecho indiscutible de que Dr. John fuera la encarnación de una de las grandes tradiciones afroamericanas de Nueva Orleans: el piano de *rhythm and blues*». Y más adelante añadía: «Disfrutó, justo es reconocerlo, de las enseñanzas de grandes maestros de los teclados, de James Booker a Professor Longhair». Véase Manrique, «Dr. John, la esencia de la vieja Nueva Orleans».

[92] Breashears, «Allen Toussaint 1».

[93] Berry, Foose y Jones, *Up from the Cradle of Jazz*.

Capítulo 9 – Creativos Internacionales Asociados (CIA)

[94] La banda estaba formaba, además del propio Booker, por Charles Neville, Chris Kenner y James Black.

[95] Las citas de Keber de este capítulo han sido extraídas de una serie de entrevistas y encuentros con el autor que se vienen produciendo desde el mes de mayo de 2013.

[96] Thomas, «The Queen Soul of New Orleans».

Capítulo 10 – Emperatriz Punk del Afro-Rock

[97] Forman, «Right Here, Right Now».

[98] Las *baby dolls* son grupos de mujeres y hombres que se disfrazan con sombreros, faldas cortas con flores y paraguas el día de Mardi Gras. Cantan canciones y bailan de forma sugerente mientras desfilan. Son parte fundamental de la celebración afroamericana del carnaval de la ciudad. Las comparsas de *baby dolls* surgieron alrededor de 1912 entre las prostitutas del distrito conocido como Uptown o Black Storyville.

Capítulo 11 – El maravilloso mundo de Oz

[99] Jorge Fuentes, entrevista con el autor, 9 de noviembre de 2016. Todas las citas de Jorge Fuentes sin nota que aparecen en el capítulo están extraídas de esta entrevista.

[100] *El mago de Oz* es una novela infantil escrita por L. Frank Baum, con ilustraciones de W. W. Denslow. Publicada en 1900, tuvo notable éxito.

En 1939 se llevó a la pantalla producida por Metro Goldwyn Mayer y protagonizada por Judy Garland. La historia trascurre en la mágica tierra de Oz, adonde Garland llega después de ser arrastrada por un ciclón. Un mundo de fantasía que se convirtió en película de culto.
[101] Boyles, «An Oasis of Music».
[102] Aguilar, «So What Is a Community?».
[103] The History of KUSP, https://people.well.com/user/dmsml/kusp/.
[104] Bob Dylan, *Crónicas I*, pp. 181 y 182.
[105] *Ibid.*

Capítulo 12 – *Black Panther Blues*

[106] Nació en Nueva Orleans en 1909. Destacó tocando la guitarra y el banjo desde joven. Actuó con Emanuel Sayles, Jelly Roll Morton, Sidney Bechet o Mezz Mezzrow. A partir de la década de 1960, desde la Fairview Baptist Church Brass Band, se implicó en el mantenimiento y difusión del jazz tradicional de Nueva Orleans. Wynton y Branford Marsalis tocaron en la misma banda cuando eran jóvenes. Falleció en 1994.
[107] Thompinks, «In New Orleans».
[108] Olsson, *The Black Power Mixtape*.
[109] Discurso de Angela Davis en el Embassy Auditorium, 9 de junio de 1972. Véase Jackson, *Soledad Brother*.
[110] https://www.commongroundrelief.org/

Capítulo 13 – Corazón de oro

[111] Rodríguez Canfranc, «Cajun y Zydeco».
[112] Hersch, *Subversive Songs*, pp. 153 y 154.
[113] Spencer, «Leyla McCalla».
[114] Langston Hughes, «The Negro Speaks of Rivers», Poetry Foundation, https://www.poetryfoundation.org/poems/44428/the-negro-speaks-of-rivers.
[115] «About the Langston Hughes Project», http://langstonhughesproject.org/.
[116] Parte de su trabajo está reproducido en el libro *Blues*, en una sobresaliente edición y traducción al castellano de Maribel Cruzado,

que firma un minucioso prólogo y un estudio de la vida y obra del escritor. Véase Hughes, *Blues.*

[117] Guillén, *Páginas vueltas*, pp. 105-109.

[118] *Ibid.*, p. 107.

[119] Hughes, *Escritos sobre España*, p. 36.

[120] Hochschild, *España en el corazón*, p. 173.

[121] Yates, *De Misisipi a Madrid*, pp. 15 y 109.

[122] Hughes, *Blues*, p. 53.

[123] Schlanger y Junod, «Leyla McCalla».

[124] Hughes, *Escritos sobre España*, p. 139.

[125] *Ibid.*, p. 140.

[126] Rollin' Joe, entrevista personal con el autor, 13 de noviembre de 2016.

Capítulo 14 - *We are one*

[126] Rollin' Joe, entrevista personal con el autor, 13 de noviembre de 2016.

[127] Hahne, «Rollin' Joe President».

[128] Sakakeeny, *Sigue adelante*, pp. 76 y 77.

[129] Hersch, *Subversive Sounds*, p. 27.

Anexo - Alrededor del Festival de Jazz

[130] Este artículo se publicó en el periódico *Diagonal* y en la web Club de Jazz, cuyos pódcast dirige y presenta Carlos Pérez Cruz, en mayo de 2013.

Bibliografía

Abu-Jamal, Mumia: *Una vida en los Panteras Negras. Queremos libertad*, Virus Editorial, Barcelona, 2007.

Ackerman, Bruce: *We the People I. Fundamentos de la historia constitucional estadounidense*, Instituto de Altos Estudios Nacionales, Traficantes de Sueños, Madrid, 2015.

Aguilar, Ernesto: «So What Is a Community Radio Anyway?», Radio World, 25 de octubre de 2016, https://www.radioworld.com/news-and-business/so-what-is-community-radio-anyway.

Alemany Bay, Carmen: «Federico García Lorca en Cuba: Vivencias personales y literarias. Su huella», Centro Virtual Cervantes, https://cvc.cervantes.es/literatura/lorca_america/lorca_cuba.htm.

Alexander, Michelle: *El color de la justicia. La nueva segregación racial en Estados Unidos*, Capitán Swing, Madrid, 2014.

Álvarez, Santiago: *Cincuentenario de la Guerra Española. Homenaje a las Brigadas Internacionales*, Comité Central del Partido Comunista de España, Madrid, 1987.

Armstrong, Louis: *Jazz Festival, vol 1. Eddie Condon All Stars. The Bobby Hackett Sextet*, grabado el 2 de abril de 1962, Storyville Films, Nueva York, 2003, DVD.

Augier, Ángel: *Nicolás Guillén, Estudio Biográfico-crítico*, Unión de Escritores y Artistas de Cuba, La Habana, 1984.

Auserón, Santiago: *Semilla del son. De cómo la música popular cubana germinó en suelo español*, La Huella Sonora Ediciones, Madrid, 2017.

Badiou, Alain: *Badiou contra Trump*, Clave Intelectual, Madrid, 2020.

Bajo González, Jaime: «Irma Thomas. Ritmo, clase y temperamento», en *El hechizo del Groove*, Lenoir, Girona, 2019.

BALDWIN, James: *No Name in the Streets*, Vintage International, Nueva York, 2000.

BARBOUR, Floyd B. (ed.): *La revuelta del poder negro*, Anagrama, Barcelona, 1993.

BASSETS, Marc: «Nueva Orleans prospera diez años después del Katrina sin cerrar la brecha racial», *El País*, 28 de agosto de 2015.

BERRY, Jason, Jonathan FOOSE y Tad JONES: *Up from the Cradle of Jazz. New Orleans Music Since World War II*, University of Louisiana at Lafayette Press, Lafayette, 2009.

BISKIND, Peter: *Moteros tranquilos, toros salvajes. La generación que cambió Hollywood*, Anagrama, Barcelona, 2004.

BOTELLA ARMENGOU, Miguel: «Cosimo Matassa, el padrino del rock'n'roll», *Ciudad Criolla*, 22 de septiembre 2014.

BOURHIS, Hervé y BRÜNO: *El pequeño libro de la Black Music*, Norma Editorial, Barcelona, 2016.

BOYLES, Brian: «An Oasis of Music», *64 Parishes*, https://64parishes.org/wwoz.

BREASHEARS, Dwayne: «Allen Toussaint 1. Say Yes To Music», *New Orleans Calling*, producido por: WWOZ, 9 de enero de 2007, https://www.wwoz.org/media/182851-allen-toussaint-1-say-yes-music.

BRENNAN, Ian: *How Music Dies (or Lies). Field Recording and the Battle for Democracy in the Arts*, Allworth Press, Nueva York, 2016.

BROOKS, Chris: «Black Vets in Spain by James Yates», *The Volunteer*, 20 de agosto de 2020.

BRYSON, Dona: «Museo de la esclavitud de Nueva Orleáns: mirar al pasado de EE. UU. para avanzar», *Equal Times*, 19 de enero de 2017.

CABALLERO BONALD, José Manuel: «Conversatorios en Casa de América. Entrevista al escritor José Manuel Caballero Bonald», entrevista de Moisés Rodríguez, 7 de octubre de 2016, RTVE a la carta, https://www.rtve.es/alacarta/videos/conversatorios-en-casa-de-america/conversatorios-casa-america-jose-manuel-caballero-bonald/3749079/.

———— : *Desaprendizajes*, Seix Barral, Barcelona, 2015.

CABRERA INFANTE, Guillermo: «Carpentier, cubano a la cañona» y

«Lorca hace llover en La Habana», en *Vidas para leerlas*, Alfaguara, Madrid, 1998.

CARAWAN, Guy y Candie CARAWAN: *Sing for Freedom. The Story of the Civil Rights Movement Through Its Songs*, NewSouth Books, Montgomery (Alabama), 2007.

CARBONELL «BOLA», Agustín: *El sueño de Don Ramón Montoya*, autoedición, Madrid, 2014.

CARPENTIER, Alejo: *El reino de este mundo*, Seix Barral, Barcelona, 1969.

——— : *La música en Cuba*, Círculo de Lectores, Barcelona, 2002.

DE LA CAVADA, Yahvé M.: «Allen Toussint, la última entrevista», *El País*, 10 de noviembre de 2015.

COLLON, Michel (ed.): *Huracán*, Hiru, Hondarribia, 2006.

COTTON, Deborah: «I Was Shot in New Orleans, But I'm Not Angry at My Shooter», *Nextcity*, 27 agosto de 2013.

CROCKET, Emily: «The Woman who Inspired Martin Luther King's "I Have a Dream" speech», *Vox*, 16 de enero de 2017.

CRUTCHER JR., Michael E.: *Tremé. Race and Place in a New Orleans Neighborhood*, The University of Georgia Press, Athens (Georgia), 2008.

CURIEL, Luis Antonio: «Baltanás despide al coreógrafo y bailarín mundial Ciro Diazhandino», *El Norte de Castilla*, 5 febrero de 2020, https://www.elnortedecastilla.es/palencia/baltanas-despide-coreografo.

DALTON, David: «Southern Tales», en *Piece of My Heart. Janis Joplin*, Da Capo Press, Nueva York, 1991.

DAVIS, Angela: *An Autobiography*, Random House, Nueva York, 1988.

——— : *Blues Legacies and Black Feminism. Gertrude «Ma» Rainey, Bessie Smith and Billie Holiday*, Vintage Books, Nueva York, 1998.

DAVIS, Mike: *Ciudades muertas. Ecología, catástrofe y revuelta*, Traficantes de Sueños, Madrid, 2007.

——— : «Poor, Black and Left Behind», *Common Dreams*, 24 de septiembres de 2004.

——— : *Urbanismo mágico. Los latinos reinventan la ciudad norteamericana*, Lengua de Trapo, Salamanca, 2012.

DENIS-CONSTANT, Martin: *El góspel afroamericano. De los espirituales al rap religioso*, Colección Músicas del Mundo, Akal, Madrid, 1998.

DENNIS, Sean: «Dolores Fernidand Marsalis Dies at 80», *Jazz Times*, 25 de abril de 2019.

DIEZHANDINO, Ciro: *Ciro bailador. De la Castilla profunda al Lincoln Center, NY. Autobiografía*, Punto Rojo, Sevilla, 2021.

DOUGLAS, Emory: *Black Panther. The Revolutionary Art of Emory Douglas*, Rizzoli International Publications, Nueva York, 2007.

DOUGLAS, Rachel: «How C. L. R. James Wrote the Definitive History of the Haitian Revolution», entrevista de Vivian Magno, *Jacobin Magazine*, 1 de abril de 2021.

DOUGLASS, Frederick: *Vida de un esclavo americano escrita por él mismo*, trad. de Carlos García Simón e Íñigo Jáuregui Eguía, Capitán Swing, Madrid, 2010.

DU BOIS, W. E. B: *The Souls of Black Folk*, Barnes & Nobles Classics, Nueva York, 2003.

DYLAN, BOB: *Crónicas I. Memorias*, Barcelona, Malpaso, 2016.

EGGERS, Dave: *Zeitoun*, Vintage Books, Nueva York, 2009.

ELORDUY, Pablo: «Black and Proud», *Diagonal*, 2 de diciembre de 2013.

FAULKNER, William: *Stories of New Orleans*, Le Livre de Poche, Francia, 1989.

FELD, Steven: *Jazz Cosmopolitanism in Accra. Five Musical Years in Ghana*, Duke Universtiy Press, Durham (Carolina del Norte), 2020.

FIELDES, Diane: «In Depth: The History of New Orleans», *Socialist Alternative*, 21 febrero de 2014.

FLAHERTY, Jordan: *Floodlines. Community and Resistance from Katrina to the Jena Six*, Haymarket Books, Chicago, 2010.

FONT, Óscar: «Bill's Russell American Music, Jazzology Press, 1993», en *That Old Feeling. La historia de la Woody Allen's New Orleans Funeral & Rag Time Orchestra (1972-1996)*, Ediciones de La Maga, Barcelona, 2007.

FORMAN, Bill: «Right Here, Right Now: Cole Williams, the punk empress of African rock», *OffBeat Magazine*, 26 de marzo de 2019.

FOX, Dan: «Letter from the Editor», *Antigravity*, abril de 2020, http://antigravitymagazine.com/wp-content/uploads/2020/04/ANTIGRAVITY-APRIL-2020-FINAL-WEB.pdf.

FUENTE, Ulises: «Escuchen esto: Jazz para leer», *La Razón*, 18 de mayo de 2017.

GALÁN, Natalio: *Cuba y sus sones.* Pre-Textos, Valencia, 1997.

GAMBOA, José Manuel: *Una historia del flamenco*, Espasa, Barcelona, 2005.

GARCÍA LORCA, Federico: *Donde no se hiela el tiempo. Escritos sobre música*, Continta Me Tienes, Madrid, 2017.

———: *Poeta en Nueva York*, Colección Clásicos Españoles, Diario El País, Madrid, 2005.

GIBSON, Ian: *Vida, pasión y muerte de Federico García Lorca, 1898-1936*, Penguin Random House, Barcelona, 2016.

GIOGIA, Ted: *El canon del jazz. Los 250 temas imprescindibles*, Turner, Madrid, 2013.

———: *Cómo escuchar jazz*, Turner, Madrid, 2017.

———: *Historia del jazz*, Turner, Madrid, 2012.

———: «Louis Armstrong Remembers Hows He Survived the 1918 Flu Epidemic in New Orleans», *Openculture*, 15 abril de 2020.

———: *La música. Una historia subversiva*, Turner, Madrid, 2020.

———: «El virus oculto de las canciones: "Los líderes políticos y religiosos de toda la Historia han temido los nuevos estilos de música"», entrevista de Pablo Gil, *El Mundo*: Papel, nº 40, 30 de diciembre de 2020.

GONZÁLEZ, Jonio: «El fuego central», *Revista Ñ*, suplemento de cultura del diario *Clarín*, Buenos Aires, 13 de mayo de 2011.

GRIFFIN, John H.: *Negro como yo*, Capitán Swing, Madrid, 2015.

GRIMALDOS, Alfredo: *Historia social del Flamenco*, pról. de José Manuel Caballero Bonald, Atalaya, Barcelona 2010.

GRUNDT, Laurie y Eva ACKING: «Barrelhouse Blues—Feelings and Situations», Vimeo, Christiania (Copenhague), 1975.

GUILLÉN, Nicolás: *Páginas vueltas. Memorias*, Unión de Escritores y Artistas de Cuba, La Habana, 1982.

———: *El son entero. Cantos para soldados y sones para turistas*, Losada, Buenos Aires, 1952.

———: *Songoro cosongo: Motivos de son; West Indies Ltd; España*, Losada, Buenos Aires, 1975.

HAHNE, Elsa: «Rollin' Joe President of the Pigeon Town Steppers Social Aid and Pleasure Club», *Offbeat Magazine*, 23 de abril de 2018.

HARRIS, Middleton A.: *The Black Book*, Random House, Nueva York, 2009.

HERMANN, Bernard: *The Good Times Rolled. Black New Orleans, 1979-1982*, University of Loussiana at Lafayette Press, Lafayette, 2015.

HERSCH, Charles: *Subversive Sounds. Race and the Birth of Jazz in New Orleans*, The University of Chicago Press, Chicago, 2009.

HOCHSCHILD, Adam: *España en el corazón. La historia de los brigadistas americanos en la Guerra Civil Española*, trad. de Mariano López, Malpaso, Barcelona 2017.

HOLMBÄCK, Christopher y Rebeca IBÁÑEZ: «El olvido de Nueva Orleans. Discriminación y negligencia en la ciudad del jazz», *Diagonal*, nº 60, del 6 al 19 de septiembre de 2007.

HOOKS, Bell: *Rock My Soul. Black People and Self-Esteem*, Atria Books, Nueva York, 2003.

HUGHES, Langston: *Blues*, editado por Maribel Cruzado, Pre-Textos, Valencia, 2004.

———: *Escritos sobre España*, La Oficina-BAAM, Madrid, 2014.

ILF, Iliá y Evgeni PETROV: «La población negra», en *La América de una planta*, Acantilado, Barcelona, 2009.

JACKSON, George: *Soledad Brother, cartas desde la prisión*, Virus Editorial, Barcelona 2018.

JAMES, C.L.R.: *Los jacobinos negros. Toussaint L'Ouverture y la Revolución de Haití*, Turner Fondo de Cultura Económica, Madrid, 2003.

JEAN, Vadim: *In the Land of the Free...*, 2010, Network Releasing, Londres, 2011, DVD.

JESSEN, Thomas y Matt SAKAKEENY: *Remaking New Orleans. Beyond Exceptionalism and Authenticity*, Duke University Press, Durham (Carolina del Norte), 2019.

JIMÉNEZ, Yamilé: «El ascendente de Louis Moreau Gottschalk», Radio Musical Nacional. Música de concierto y cultura en Cuba, 28 de mayo de 2019.

JOHNSON, Jerah: *Congo Square in New Orleans*, Lousiana Landmarks Society, Nueva Orleans, 1995.

JONES, David M.: *New Orleans Jazz Funerals from the Inside*, DMJ Productions, Nueva Orleans, 1995, DVD.

JONES, LeRoi (Amiri Baraka): *Black Music. Free Jazz y Conciencia Negra 1959-1967*, Caja Negra, Buenos Aires, 2014.

———— : *Blues People. Negro Music in White America*, Harper Perennial, Nueva York, 2002.

KAUPPILA, Paul: «Cosimo Matassa», *64 Parishes*, 14 de abril de 2012, https://64parishes.org/entry/cosimo-matassa.

KEBER, Lily: *Bayou Maharajah. The Life and Music of New Orleans Piano Legend James Booker*, 2013, Cadiz Recordings, Londres, 2016, DVD.

———— : *Buckjumping*, Mairzy Doats Productions, Nueva Orleans, 2018.

KOPPLE, Barbara: *Woody Allen y la New Orleans Jazz Band. Wild Man Blues*, 1998, Filmax, L'Hospitalet, 2012, DVD.

LANGENHENNING, Susan: «"This is criminal": Malik Rahim reports from New Orleans», *Indybay*, 2 de septiembre de 2005.

LEWIS, John, Andrew AYDIN y Nate POWELL: *March. Una crónica de la lucha por los derechos civiles de los afroamericanos*, Norma Editorial, Barcelona, 2018.

LEYMARIE, Isabelle: *Cuban Fire. La música popular cubana y sus estilos*, Colección músicas del mundo, Akal, Madrid, 2005.

———— : *Músicas del Caribe*, Colección Músicas del Mundo, Akal, Madrid, 1998.

———— : *Del tango al reggae. Músicas negras de América Latina y el Caribe*, Prensas de la Universidad de Zaragoza, Zaragoza, 2015.

LOMAX, Alan: *Hard Hitting Songs for Hard-Hit People*, University of Nebraska Press, Lincoln, 1999.

MANRIQUE, Diego A.: «Un disco para el verano», *El País*, 14 de julio de 2008.

———— : «Dr. John, la esencia de la vieja Nueva Orleans», *El País*, 7 de junio de 2019.

———— : «Dr. John: Estás invitado al carnaval de Nueva Orleans», *El Planeador*, Emisora Escuela M21 Ayuntamiento de Madrid, 14 de febrero de 2018.

———— : «Esto no es música de Halloween», *El Planeador*, Emisora Escuela M21 Ayuntamiento de Madrid, 31 de octubre de 2017.

———— : «El killer de Nueva Orleans», *El mapa secreto*, Radio Gladys

Palmera, 19 de octubre 2018, https://gladyspalmera.com/set/35/podcast/3573.

——— : «Louis Prima», *El Planeador*, Emisora Escuela M21 Ayuntamiento de Madrid, 2 de agosto de 2018.

——— : «Muere Little Richard, el músico que liberó de tabúes el rock n' roll», *El País*, 9 de mayo de 2020.

MARQUSEE, Mike: *Redemption Song. Muhammad Ali and the Spririt of the Sixties*, Verso, Londres-Nueva York, 2005.

MARS, Amanda: «El regalo de Nueva Orleans», *El País*: Revista de Verano, 22 de agosto de 2020.

MARSALIS, Ellis: «El jazz tradicional es Louis Armstrong, es la mejor forma de decirlo», entrevista de Pablo Ximénez de Sandoval, *El País*: Babelia, 16 de julio de 2016.

MARSALIS, Wynton y Geoffrey C. WARD: *Jazz. Cómo la música puede cambiar tu vida*, Paidós, Barcelona, 2009.

MARTIN, John: «Young Dance Team in Concert Debut; Rosario and Antonio Leave Night-Club Field to Appear on Carnegie Hall Stage», *The New York Times*, 9 de abril de 1944, https://www.nytimes.com/1944/04/09/archives/young-dance-team-in-concert-debut-rosario-and-antonio-leave.html.

MARTÍNEZ, Elizabeth: *De Colours Means All of Us. Latina Views for a Multi-Colored Century*, South End Press, Cambridge (MA), 1998.

McDOWELL, Robin: «Sick Days. A Brief History of Epidemics in New Orleans», *Antigravity*, abril de 2020, http://antigravitymagazine.com/feature/sick-days/.

MEZZROW, Mezz y Bernard WOLFE: *Really the Blues*, Acuarela, Madrid, 2010.

MING, WU: *New Thing*, Acuarela & Machado, Madrid, 2008.

MONTHIEL, David: *Historia General del Carnaval de Cádiz*, El Paseo, Sevilla, 2021.

MOORE, Joe Louis: *The Legacy of the Panthers*, Project of the Dr. Huevy P. Newton Foundation, Inkworks Press, Berkeley (California), 1995.

MOOS PICK, Margaret: «The Tio Family: A New Orleans Clarinet Dinasty», The Jim Cullum Riverwalk Jazz Collection, Stanford University, 2006.

MOREU, David: *Un aplauso para el astronauta. Conversaciones sobre surf, arte y rock n' roll*, Silex, Madrid, 2020.

MUGURUZA, Fermin: *Irun Meets New Orleans*, Talka Records & Films, 2015.

MUÑOZ MOLINA, Antonio: «Cortázar músico», *El País*: Babelia, 7 de diciembre de 2013.

MURRAY, Albert: *The Omni Americans. Black Experience & American Culture*, Da Capo Press, Boston, 1990.

THE NATION: «New Orleans 10 Years Later», 31 de agosto - 7 de septiembre de 2015.

NEUGASS, James: *La guerra es bella. Diario de un brigadista americano en la Guerra Civil española*, Papel de Liar, Barcelona, 2010.

NEW ORLEANS DATA WEEKLY: «Danzinger Police Officers Get Lengthy Sentences», 4-13 de abril de 2012.

NEWKIRK II, Vann R.: *Floodlines. The Story of Unnatural Disaster*, 8 episodios, producido por: The Atlantic, 12 de marzo de 2020, pódcast.

NICOLAU GONZÁLEZ, Ramón (dir.): *Cuba y la defensa de la República Española (1936-1939)*, Editora Política, La Habana, 1981.

O'HALLIGAN, Jimmy: *Angola 3: Black Panthers and the Last Slave Plantation*, Producida por Scott Crow y Ann Harkness, Obstacle Illusions, 2008.

OKUN, Andru: «Bitter Suite: In the Fight Against Airbnb City Council Checks Out», *Antigravity*, noviembre de 2016.

OLSSON, Hugo Göran: *The Black Power Mixtape 1967-1975*, Louverture Films, 2011.

ORAMAS OLIVA, Óscar: *El alma del cubano: su música*, Ediciones Prensa Latina, La Habana, 2002.

PADURA, Leonardo: «Franceses en Santiago», en *El viaje más largo. En busca de una cubanía extraviada*, Capital Intelectual, Buenos Aires, 2013.

PARK, Paula: *Paul Robeson*, Atrapasueños, Sevilla, 2021.

PIBEL, Doug: «Malik Rahim: Spreading Common Ground. An interview with the cofounder of New Orleans' Common Ground Collective», *Yes Magazine*, 7 de mayo de 2007.

POMERANIEC, Hinde: *Katrina, el imperio al desnudo. Racismo y subdesarrollo en Estados Unidos*, Capital Intelectual, Buenos Aires, 2007.

PORTUONDO ZÚNIGA, Olga: *Francia y Haití en la cultura cubana*, Editorial José Martí, La Habana, 2014.

Radano, Ronald y Tejumola Olaniyan: *Audible Empire. Music, Global Politics, Critique*, Duke Univerity Press, Durham (Carolina del Norte), 2016.

Rahim, Malik: «La mayoría del dinero se lo quedan los ricos y los blancos», entrevista de Christopher Holmbäck y Rebeca Ibáñez, *Diagonal*, n° 60, del 6 al 19 de septiembre de 2007.

Rebennack, Mac (Dr. John) y Jack Rummel: *Under a Hoodoo Moon. The Life of the Night Tripper*, St. Martin's Griffin Edition, Nueva York, 1995.

Recio, Manuel: «Historias de Nueva Orleans», *Cuadernos de Jazz*, marzo de 2013.

Reed, Betsy (ed.): *Unnatural Disaster. The Nation on Hurricane Katrina*, Nation Books, Nueva York, 2006.

Rey García, Marta: *Stars for Spain. La Guerra Civil española en los Estados Unidos*, Edicios do Castro, Sada, A Coruña, 1997.

Robertson, Campbell: «New Orleans Celebrates the Life of a Bandleader», *The New York Times*, 16 de julio de 2012.

Rodríguez Canfranc, Pablo: «Cajun y Zydeco, los sones de los pantanos de Luisiana», *Drugstore Magazine Cultural*, 27 de abril de 2017.

Roy, Maya: *Músicas Cubanas*, Colección Músicas del Mundo, Akal, Madrid, 1998.

Sakakeeny, Matt: *Sigue adelante. Raza, poder y música en Nueva Orleans*, ilustraciones de Willie Birch, Katakrak, Iruñea-Pamplona, 2017.

Salazar, Adolfo: *Cuba y las músicas negras*, Biblioteca de la Cátedra del Exilio, Fondo de Cultura Económica, Madrid, 2017.

Saldaña, Carolina: *Agosto Negro. Presas y presos políticos en pie de lucha*, Subversiones Agencia Autónoma de Comunicación, México D. F., 2016.

Sancton, Tom: *Song for my fathers. A New Orleans Story in Black and White*, Other Press, Nueva York, 2010.

Schlanger, Talia y Kimberly Junod: «Leyla McCalla Has the Capitalist Blues», NPR Music, 8 de mayo de 2019, https://www.npr.org/sections/world-cafe/2019/05/08/721422447/leyla-mccalla-has-the-capitalist-blues?t=1614706473557.

Schwartz, John: «New Orleans Police, Mired in Scandal, Accept Plan for Overhaul», *The New York Times*, 24 de junio de 2014.

Scott, James C.: *Los dominados y el arte de la resistencia*, Colección problemas de México, Era, México, 2000.

SHAKUR, Assata: *Una autobiografía*, Capitán Swing, Madrid, 2013.

SHAPIRO, Dean M.: «19th-century New Orleans composer Gottschalk rediscovered», *The Times Pycayune*, 3 de diciembre de 2014.

SIDRAN, Ben: «Wynton Marsalis», en *Talking Jazz. Una historia oral*, Letra Sudaca, Mar de Plata, 2017.

SIMON, David: «An Interview with David Simon», entrevista de Vince Beiser, *The Progressive*, marzo de 2011, https://progressive.org/magazine/interview-david-simon/.

———— y Eric OVERMYER: *Treme*, cuatro temporadas, HBO, 2010-2013.

SOLNIT, Rebecca: *Un paraíso en el infierno. Las extraordinarias comunidades que surgen en el desastre*, Capitán Swing, Madrid, 2020.

SPENCER, Neil: «Leyla McCalla: Vari-Colored Songs—review», *The Guardian*, 29 de septiembre de 2013.

STRUMMER, Joe, Mick JONES, Paul SIMONON y Topper HEADON: *The Clash. Autobiografía Grupal*, Libros del Kultrum, Barcelona, 2020.

SUBLETTE, Ned: *Cuba and it's Music. From the First Drums to the Mambo*, Chicago Review Press, Chicago, 2004.

————: *The World That Made New Orleans. From Spanish Silver to Congo Square*, Lawrence Hill Books, Chicago, 2008.

SUNPIE BARNES, Bruce y Rachel BREUNLIN (eds.): *Talk That Music Talk. Passing on Brass Band Music in New Orleans. The Traditional Way*, The Neighborhood Story Project and The New Orleans Jazz National Historical Park, University of New Orleans Press, Nueva Orleans, 2014.

THOMAS, Irma, «The Queen Soul of New Orleans», entrevista de Gwen Thompkins, *Music Inside Out with Gwen Thompkins*, emitido por: WWNO, 28 de abril de 2016, 51:59 minutos, https://musicinsideout.wwno.org/irma-thomas/.

THOMPINKS, Gwen: «In New Orleans, "Indian Red" Is The Anthemic Sound Of Tradition», NPR, 31 de octubre de 2019.

TREJO, Rebeca: «A Brief History Of New Orleans' Bounce Music Style», *Culture Trip*, 13 de junio de 2018.

TROEH, Eve: «History of WWOZ», WWOZ, https://www.wwoz.org/history-wwoz.

Vaz, Kim Marie: *The «Baby Dolls». Breaking the Race and Gender Barriers of the New Orleans Mardi Gras Tradition*, Louisiana State University Press, Baton Rouge, 2013.

Vergés Martínez, Orlando: *Expresiones de la cultura popular y las tradiciones santiagueras*, Ediciones Caribe, Santiago de Cuba, 2016.

Vian, Boris: *Escritos sobre jazz*. Tomo 2, Grech, Madrid, 1984.

Wexler, Sanford: A*n Eyewitness History of The Civil Rights Movement*, Checkmark Books, Nueva York, 1999.

White, Michael: «Recovery and Rebirth of a New Orleans Jazz Life», *Smithsonian Folkways Magazine*, Invierno-primavera de 2015.

————: «Reflections of an Authentic Jazz Life in Pre-Katrina New Orleans. 2007», *Journal of American History*, vol. 94, diciembre de 2007, pp. 820-27, http://archive.oah.org/special-issues/katrina/White.html.

Williams, Eric: *Capitalismo y esclavitud*, Traficantes de Sueños, Madrid, 2011.

Wright, Richard: *Black Power. Three Books From Exile: Black Power; The Colour Curtain; and White Man, Listen!*, Harperperennial, Nueva York, 2008.

X, Malcolm: *Vida y voz de un hombre negro. Autobiografía*. Txalaparta, Tafalla, 1991.

Yates, James: *De Misisipi a Madrid. Memorias de un afroamericano de la Brigada Lincoln*, La Oficina-BAAM, Madrid, 2011.

Zabala, Iker: «Nueva Orleans, una aproximación (I)», *Jotdown*, abril de 2013.

Zinn, Howard: *La otra historia de los Estados Unidos*, Seven Stories Press, Nueva York, 2011.

Zwerin, Mike: *Swing frente al nazi. El jazz como metáfora de la libertad*, Es Pop, Madrid, 2016.

Créditos de las imágenes que forman parte de la portada

Por orden de aparición de izquierda a derecha y de arriba abajo:

1. Voluntarios de las Brigadas Internacionales en España / Autor desconocido / Cortesía de Taminent Library, New York University, 2021 / Cedida para uso exclusivo de la presente edición.

2. Louverture Toussaint / Autor desconocido, c. 1800 / John Carter Brown Library / Dominio público / CC-PD-Mark / Wikipedia Commons, https://commons.wikimedia.org/w/index.php?curid=445617.

3. Pancarta en una casa del barrio de Tremé, Nueva Orleans / Jacobo Rivero, 2016 / Cedida para uso exclusivo de la presente edición.

4. Langston Hughes / Carl Van Vechten, 1936 / Biblioteca del Congreso / Dominio público / LC-USZ62-92598 DLC / Wikipedia Commons, https://commons.wikimedia.org/w/index.php?curid=28960.

5. Federico García Lorca / Autor desconocido, 1932 / Museo Nacional Centro de Arte Reina Sofía / Dominio público / CC-PD-Mark / Wikipedia Commons, https://commons.wikimedia.org/w/index.php?curid=76327202.

6. Desfile del «Big 9» en la Avenida St. Claude / Infrogmation of New Orleans, 2008 / CC BY-SA 3.0 / Wikipedia Commons, https://commons.wikimedia.org/w/index.php?curid=5559646.

7. Músicos en un jazz funeral en Tremé, Nueva Orleans. (El Dr. Michael White es el primero por la derecha.) / Infrogmation / CC BY-SA 3.0 / Wikipedia Commons, https://commons.wikimedia.org/w/index.php?curid=214858.

8. Retrato de Bessie Smith / Carl Van Vechten, 1936 / Biblioteca del Congreso / LC-USZ62-54231.

9. Mitin en Union Square celebrado el 29 de abril de 2015 a las seis de la tarde para mostrar al pueblo de Baltimore nuestra solidaridad con su ejemplo de resistencia, porque la justicia que reclaman es también la nuestra / The All-

Nite Images from NY, NY, USA, 2015 / CC-BY-SA-2.0 / Wikipedia Commons, https://es.wikipedia.org/wiki/Archivo:NYC_Rise_Up_and_-ShutItDown_for_ Baltimore_(17291634126).jpg.

10. Retrato de Bunk Johnson, George Lewis, Alcide Pavageau, Kaiser Marshall, Jim Robinson y Don Ewell en el Stuyvesant Casino de Nueva York, N.Y., c. junio de 1946 / The William P. Gottlieb Collection, Biblioteca del Congreso / LC-GLB13- 0456 / Wikipedia Commons, https://commons.wikimedia.org/ wiki/File:(Portrait_of_Bunk_Johnson,_George_Lewis,_Alcide_Pavageau,_ Kaiser_Marshall,_Jim_Robinson,_and_Don_Ewell,_Stuyvesant_Casino,_ New_York,_N.Y.,_ca._June_1946)_(LOC)_(5475994809).jpg.

11. Cole Williams. Acampada de personas sin hogar / Michael Alford, 2021 / Cedida para uso exclusivo de la presente edición.

12. JazzFest. Actuación de Los Hombres Calientes / Jacobo Rivero, 2013 / Cedida para uso exclusivo de la presente edición.

13. Ficha consular de Louis Armstrong, 1957 / Archivo Nacional del Brasil / Dominio público / Wikipedia Commons, https://commons.wikimedia. org/w/index.php?curid=69378063.

14. James Booker en el Festival de Montreux, Suiza / Lionel Decoster, 1978 / CC BY-SA 3.0 / Wikipedia Commons, https://commons.wikimedia. org/w/index.php?curid=15835160.

15. Louis Moreau Gottschalk / Mathew B. Brady, c. 1855-1865 / Brady-Handy Photograph Collection, Biblioteca del Congreso / Dominio Público / LC-BH82- 5324 / Wikipedia Commons, https://commons.wikimedia.org/w/ index.php?curid=1550180.

16. Primer aniversario del asesinato de Michael Brown, de la revuelta de Ferguson y del Black Lives Matter / The All-Nite Images from NY, NY, USA, 2015 / CC BY-SA 2.0 / Wikipedia Commons, https://es.wikipedia.org/wiki/ Archivo:NYC_Rise_Up_and_-ShutItDown_for_Baltimore_(17291634126).jpg.

17. Café Cantante Sevilla / Carlos Teixidor Cárcenas, c. 1888 / Colección privada del autor / CC BY-SA 4.0 / Wikipedia Commons, https://commons. wikimedia.org/w/index.php?curid=11242491.